大学生文化素质教育课、高校“课程思政”教

国家精品在线开放课程、中国大学 MOOC（慕

全球化与中国文化

主　编　王俊棋　王　昕

副主编　高　岚　侯斌英

　　　　张　洁

编　委　崔　罡　孙　颖

　　　　任显楷　苗翠翠

西南交通大学出版社

·成　都·

图书在版编目（CIP）数据

全球化与中国文化 / 王俊棋，王昕主编. —成都：西南交通大学出版社，2020.11

ISBN 978-7-5643-7834-9

Ⅰ. ①全… Ⅱ. ①王… ②王… Ⅲ. ①中华文化－高等学校－教材 Ⅳ. ①K203

中国版本图书馆 CIP 数据核字（2020）第 224515 号

Quanqiuhua yu Zhongguo Wenhua

全球化与中国文化

主编　王俊棋　王　昕

责任编辑	郑丽娟
助理编辑	张地木
封面设计	付　惠
出版发行	西南交通大学出版社 （四川省成都市金牛区二环路北一段 111 号 西南交通大学创新大厦 21 楼）
发行部电话	028-87600564　028-87600533
邮政编码	610031
网　　址	http://www.xnjdcbs.com
印　　刷	四川森林印务有限责任公司
成品尺寸	170 mm × 230 mm
印　　张	12.25
字　　数	206 千
版　　次	2020 年 11 月第 1 版
印　　次	2020 年 11 月第 1 次
书　　号	ISBN 978-7-5643-7834-9
定　　价	39.00 元

课件咨询电话：028-81435775

前言
Preface

随着教育信息技术的进步，在线教育的发展日新月异，已经深刻地影响到了包括高等教育在内的各层次教育活动。编写本书是几年前对一门传统大学生文化素质课的慕课化改造所需。随着对线上线下混合式教学的探索，编者所在的教学团队逐渐摸索出一条适应教育技术发展新形势的教学模式。新的教育语境下的教材，也应该更加注意这一技术背景，更加注重对学生的启发、对研讨的重视，在内容上突出创新性、高阶性、挑战性，让学生在知识的海洋中徜徉，形成和巩固正确的世界观、人生观、价值观。

全球化是人类历史上的重要现象，源远流长且远未终结，尽管在此过程中可能发生诸多曲折或意外，却难以阻挡各民族之间交流互鉴、取长补短的朴素向往。今天的大学生是未来建设的中坚力量，对全球化现象有基本的认识，有助于提高他们跨文化交际能力和国际化就业发展能力。同时，中华文明有着悠久的历史、灿烂辉煌的过去，在全球化时代，中国文化也必将绽放新的生机和活力，为人类文明做出新的贡献。特别是在信息技术不断进步的条件下，这一领域的研究和探索变得更为重要。

本书是团队协作的结果，在编写分工上，第一章由王俊棋撰写，第二章由孙颖和张洁撰写，第三章由侯斌英撰写，第四章由崔罡撰写，第五章由高岚撰写，第六章由王昕撰写，第七章由张洁和任显楷撰写，第八章由苗翠翠撰写。

本书是新的教育技术条件下的产物，也是将学术研究与普及进行结合的尝试，希望能有助于大学生文化素质教育的探索和发展，能为读者带来新的阅读体验和思考启发。

本书编者

2020 年 4 月

目录
Contents

第一章 你身边的全球化

理论关键词

1. 全球化

全球化是人类历史上的重要现象。在古代历史上，各民族之间就有交往的愿望，商贸、通婚，甚至战争都是交往的不同表现形式。随着时间的推移，商贸在其中的作用越来越重要，而经济全球化也是全球化现象中的中心部分，继而带来文化全球化等其他领域的新现象。作为一种理论，全球化在 20 世纪后半期才被明确提出来，然后广泛地影响了哲学社会科学的各个领域，比如我们经常听到“经济全球化”“文化全球化”这样的表达。实际上，作为一种现象的全球化早就开始了，而且，马克思就是一位全球化理论的先驱。

1814 年，英国人乔治·斯蒂芬森发明了蒸汽机车，又于 1825 年指挥建成了世界上第一条铁路。到 1850 年，世界上有 19 个国家建成铁路并开始营业。现代社会的图景在人们眼前徐徐铺展开来。马克思曾这样评价现代社会：“资产阶级在它的不到一百年的统治中所创造的生产力，比过去一切世代创造的全部生产力还要多，还要大。自然力的征服，机器的采用，化学在工业和农业中的应用，轮船的行驶，铁路的通行，电报的使用，整个整个大陆的开垦，河川的通航，仿佛用法术从地下呼唤出来的大量人口——过去哪一个世纪料想到在社会劳动里蕴藏有这样的生产力呢？”[①]

---

① 马克思、恩格斯，《共产党宣言》，中共中央编译局译，人民出版社，1997 年，第 32 页。

交通和通信技术的进步，使得整个社会人与人之间关系的模型也发生了改变，从一个地方，不断扩展，再到全世界，铁路所到之处，带来的都是先进的文化信息资源和资金，改变了人们认知社会的方式，随着汽车和飞机的诞生，人们的交往能力又有了更大的提高，正如马克思所说："美洲的发现、绕过非洲的航行，给新兴的资产阶级开辟了新天地。东印度和中国的市场、美洲的殖民化、对殖民地的贸易、交换手段和一般商品的增加，使商业、航海业和工业空前高涨。"①今天，地球似乎真的变成了一个村落，于是我们有了地球村这个词，现代化的交通技术，把全人类的经济文化紧密地联系在一起，我们已经无法回避全球化的到来，且已享受到这一变化带来的巨大好处，也感受到这一变化给我们带来的冲击。

2. 改革开放

改革开放是中国共产党在社会主义初级阶段基本路线的两个基本点之一，中国特色社会主义现代化建设的一项根本方针。1978 年 12 月，中国共产党第十一届三中全会召开，开创了当代中国改革开放的新时期。②随着对内改革和对外开放的深入，中国社会发生了深刻的变革，人民生活水平显著改善，国际交往不断深化，国际地位得到提高。

1978 年以前的安徽省凤阳县小岗村，是全县有名的"吃粮靠返销，用钱靠救济、生产靠贷款"的"三靠村"，每年秋收后几乎家家外出讨饭。1978 年 11 月 24 日，小岗村 18 名农民以敢为天下先的胆识，按下了 18 个手印，开创了家庭联产承包责任制的先河，揭开了中国农村改革的序幕。

1979 年，党中央、国务院批准广东、福建在对外经济活动中实行"特殊政策、灵活措施"，并决定建立深圳、珠海、汕头、厦门四个经济特区，福建省和广东省成为全国最早实行对外开放的省份。1988 年 4 月 13 日，第七届全国人民代表大会通过关于建立海南经济特区的决议。深圳等经

① 马克思、恩格斯，《共产党宣言》，中共中央编译局译，人民出版社，1997 年，第 28 页。

② 夏征农、陈至立主编，《辞海》（第六版彩图本），上海辞书出版社，2009 年，第 664 页。

济特区的创建，为进一步扩大开放积累了经验，有力推动了中国改革开放和现代化的进程。

2018 年 12 月 18 日，庆祝改革开放 40 周年大会在北京人民大会堂隆重举行。中共中央总书记、国家主席、中央军委主席习近平在大会上发表重要讲话。习近平强调，40 年的实践充分证明，党的十一届三中全会以来我们党团结带领全国各族人民开辟的中国特色社会主义道路、理论、制度、文化是完全正确的，形成的党的基本理论、基本路线、基本方略是完全正确的。[①]

3. 加入世贸

2001 年 11 月，经过多轮艰苦的谈判，中国加入世界贸易组织。从此以后，我们更加直观地感觉到了经济全球化，比如说，某品牌的电脑，显卡可能是在美国生产的，主板可能是在印度生产的，硬盘可能是在中国浙江生产的，最后电脑可能是在中国广东组装的。我们的日常生活中，出现了越来越多的外国商品，例如电器、手机、食物、衣服、汽车等。假期人们也越来越多地考虑到国外旅游。国际联系已越来越紧密。

在中国的大城市，我们很容易找到美国超市沃尔玛，法国超市家乐福，德国超市麦德龙，日本超市伊藤洋华堂，泰国超市卜蜂莲花等。里面琳琅满目的商品，给我们带来了巨大的方便。在中国大大小小的城市，我们能看到肯德基、麦当劳等快餐店；在欧洲、美国等地，也不难找到中国菜馆，不难看到亚洲面孔，不难找到唐人街。遍布世界各地的华人，以勤劳和智慧，书写着各种传奇。

加入世界贸易组织以后，中国经济进一步融入全球化进程，更多的中国商品出口到世界各地，我国也更多地获得其他国家的投资、技术合作和商品交换。这意味着，我国与世界市场有了更进一步的关联，国内经济相对于以前，会更容易受到国际经济发展情况的影响。

---

① 习近平，《在庆祝改革开放 40 周年大会上的讲话》，新华网，http://www.xinhuanet.com/2018-12/18/c_1123872025.htm.

4. 经济全球化

经济全球化出现于20世纪80年代中期。国际货币基金组织（IMF）1997年5月的报告给出的定义是："经济全球化是指跨国商品与服务贸易及国际资本流动规模和形式的增加，以及技术的广泛迅速传播和世界各国经济的相互依赖性增强。"[①]经济全球化可以被看作一种过程，在这个过程中，经济、市场、技术与通信形式都越来越具有全球性特征，民族性和地方性在减少。

《共产党宣言》中说："由于开拓了世界市场，使一切国家的生产和消费都成为世界性的了。"[②]"由于一切生产工具的迅速改进，由于交通的极其便利，把一切民族甚至最野蛮的民族都卷到文明中来了。它的商品的低廉价格，是它用来摧毁一切万里长城、征服野蛮人最顽强的仇外心理的重炮。"[③]

5. 欧洲中心主义

欧洲中心主义（Eurocentrism）由欧洲（Europe）和中心主义（centrism）两个单词构成，表明了那种事事都以欧洲为标准的想法，欧洲在现代历史上对世界文明的确有重要贡献，但如果过度强调欧洲中心，忽略其他地区和民族对人类文明的贡献，也是不客观的。欧洲中心主义起源于18世纪的英国工业革命，到了19世纪，英国等欧洲国家在世界上广有殖民地，一种文化优越感随之蔓延。这种观点把西欧的历史进程作为标杆，认为世界各民族在迈向现代化的过程中，都要经历与遵循欧洲模式。20世纪后半期，西方学术界逐渐意识到欧洲中心主义带来的种种问题。

实际上，在人类文明进程中，非欧洲民族的贡献是卓著的。例如，

---

① 钟轩理，《不畏浮云遮望眼——经济全球化趋势不可阻挡》，人民网，world.people.com.cn/n1/2018/1012/c1002-30338194.html。

② 马克思、恩格斯，《共产党宣言》，中共中央编译局译，人民出版社，1997年，第31页。

③ 马克思、恩格斯，《共产党宣言》，中共中央编译局译，人民出版社，1997年，第31页。

不论在生活中还是在科学研究中都不可或缺的阿拉伯数字是印度人发明的，准确地说是印度数字，由在中亚一带经商的阿拉伯人传到欧洲。中国古代的四大发明——火药、指南针、造纸术和印刷术，也都对文明的发展产生了深远的影响。启蒙时代，不少欧洲哲学家对中国哲学和中国人的生活方式赞不绝口，当然，从古丝绸之路传到欧洲的茶叶、丝绸和瓷器也进入了欧洲人的日常生活。

6.“越是民族的，越是世界的”

1934 年，鲁迅在《致陈烟桥》中谈论木刻艺术时说，“我的主张杂入静物，风景，各地方的风俗，街头风景，就是为此。现在的文学也一样，有地方色彩的，倒容易成为世界的，即为别国所注意。打出世界上去，即于中国之活动有利”[①]，有些学者将其中观点概括为“越是民族的，越是世界的”，之后，此观点颇为流行。虽然这句话不是任何语境下都对，但它还是很深刻的。

7. 世界文学

《共产党宣言》中说：“过去那种地方的和民族的自给自足和闭关自守状态，被各民族的各方面的互相往来和各方面的互相依赖所代替了。物质的生产是如此，精神的生产也是如此。各民族的精神产品成了公共的财产。民族的片面性和局限性日益成为不可能，于是由许多种民族的和地方的文学形成了一种世界的文学。”中国古代的历史故事，《赵氏孤儿》辗转传到了西方，引起了西方哲学家、戏剧艺术家和普通民众的浓厚兴趣；明代小说《金瓶梅》被翻译为多种语言，不少人认为它与《十日谈》有诸多相似之处；清代小说《玉娇梨》则引起了黑格尔和欧洲学术界的注意；魏明伦的现代川剧《潘金莲》英译本在美国夏威夷大学学报发表；白先勇策划组织的青春版《牡丹亭》在世界各地上演 100 多场，其大气磅礴的舞台美感、哀婉动人的故事情节、余音绕梁的优美音乐，征服了世界观众。

---

① 鲁迅，《鲁迅全集》第 13 卷，人民文学出版社，2005 年，第 80-81 页。

案例分析

1. 标准轨距

如今包括中国在内的很多国家所使用的 1435 mm 的铁轨“标准轨距”，它的来源是这样的：英国的铁路是由建电车轨道的人设计的，四英尺八英寸半是电车轨距所用的标准。最早的“电车”其实并没有电力来驱动，动力用的还是马，其实是“有轨马车”，后来才有了电力驱动，但轨距没有变，还是用马车的轮距做标准。那么马车为什么要用这个距离标准呢？原来是古罗马人确定马车的轮距为四英尺八英寸半，也就是 1435 mm，这是两匹拉战车的马并行的宽度。

2. 民工潮

20 世纪 80 年代以来，中国庞大的民工潮，正是中国传统农民，参与经济全球化背景下的国际大分工的体现，这一潮流中，来自国外的资本和来自中国内陆省区的劳动力，在中国东南部经济发达地区相结合，迸发出经济腾飞的奇迹。一个四川的农民，可能因此移居北京、上海、广州等大城市，改变了他个人及家庭生活。“民工潮”推动了国民经济的增长，促进了产业结构的调整，但也引发了一些社会问题。

3. 东坡川菜

1984 年，一个 16 岁的四川眉山小伙来到北京打工并学习烹饪技艺。经多年的潜心钻研，练就了过硬的烹饪技艺，并在继承眉山饮食文化方面做了大量的整理、研制和创新工作，形成了一套以东坡文化为底蕴的眉州东坡川菜。他就是后来北京眉州酒店管理有限公司的董事长王刚。1996 年 6 月，他在北京创办了第一家东坡酒楼。2014 年，眉州东坡美国洛杉矶店开业。王刚创造了 18 年里从 1 万元起家到 20 亿年营业额的传奇故事，他“为世界人民做饭”的梦想正在逐步实现，也为川菜文化走向世界做出了自己的贡献。

4. 中欧班列

在“一带一路”倡议的推动下，中欧班列 2011 年自重庆首开后，武汉、郑州、成都、苏州、长沙、西安、武威、义乌等城市均已开通，甚至云南也开通了咖啡专列。中欧班列以“条条大路通罗马”的气势接连驶向欧洲大陆。2011 年 3 月从重庆开出的“渝新欧”是国内最早的中欧班列。它从重庆出发，经西安、兰州、乌鲁木齐，开往德国的杜伊斯堡，全程 1.1 万千米，全程运行约 15 天。

5. 互联网时间

互联网时间，就是把一天 24 小时划分为 1000 个点（beat），每一点相当于传统计时单位的 1 分 26.4 秒。从 1998 年 10 月 23 日起，互联网时间开始正式运行。互联网时间的出现，使不同时区的互联网使用者可以共用一个时间标准，不用像过去那样首先要规定一个时区的时间，然后再折算成当地时间。另外，这一时间计量标准用的是十进位制，而不是传统计时标准的六十进位制，在计算时间时更加方便。

6. 宫保鸡丁

宫保鸡丁诞生的背后有一个传奇人物——丁宝桢，他是晚清时期贵州织金县人，历任山东巡抚、四川总督，常以此菜宴请宾客。丁宝桢曾经治理四川十年，为官刚正不阿，颇有建树，光绪十一年（1885 年）逝于四川总督的任上。清朝政府为了表彰他的功绩，追赠他为“太子太保”。因这是一个虚衔，在咸丰以后，这种头衔便不再用“××师”而多用“××保”，所以这个头衔又有了一个别称——“宫保”。所谓“宫保”，其实是丁宝桢的荣誉官衔，其家厨烹制的炒鸡丁，也被称为“宫保鸡丁”。后来，这道菜传到日本，也深受日本人喜爱。由于其入口鲜辣，鸡肉的鲜嫩配合花生的香脆，广受欢迎，尤其在英美等西方国家，宫保鸡丁几乎成了中国菜的代名词，情形类似于意大利菜中的意大利面。

7. 五粮液

传说 3000 多年前杜康发明了酒，曹操的诗“何以解忧，唯有杜康”

便是以“杜康”指酒，酿酒文化在中国源远流长，更是产生了一批有一定世界影响力的中国名酒。宋代四川宜宾姚氏家族采用大豆、大米、高粱、糯米、荞子五种粮食酿造的姚子雪曲是五粮液最成熟的雏形。1909年，作坊的传人邓子均将酒带到一个家宴上，晚清举人杨惠泉品尝了以后说：“此酒系五种粮食酿成，不如就取名‘五粮液’吧！”同座之人皆认为此名风雅独特，从此“五粮液”这个名字就定了下来。[①]1915年，五粮液荣获巴拿马万国博览会金奖后，1995年再次荣获巴拿马第十三届国际贸易博览会金奖，铸造了世界贸易最高奖“八十年金牌不倒”的辉煌业绩，2002年第三次获得了巴拿马国际金奖。[②]五粮液的广告词“中国的五粮液，世界的五粮液”，生动地诠释了“越是民族的，越是世界的”这句话。

8. 青春版《牡丹亭》

青春版昆曲《牡丹亭》由著名作家白先勇主持制作，海峡两岸艺术家携手打造，于2004年4月开始在世界巡演，取五十五折的原本精华，删减成二十九折，根据21世纪的审美观，保持昆曲抽象写意、以简驭繁的美学传统，利用现代剧场的种种概念，将传世经典以青春靓丽的形式展现在人们面前，再现一段跨越生死的爱情故事。青春版《牡丹亭》在世界各地上演100多场，其大气磅礴的舞台美感、哀婉动人的故事情节、余音绕梁的优美音乐，征服了世界观众。昆曲有过的辉煌历史，但20世纪初遭遇传承危机。民国初年，昆曲几乎消失于中国舞台，有心人士在苏州成立“昆剧传习所”，训练出一批“传”字辈的优秀演员。他们日后成为20世纪昆曲薪火相传的旗手。

9. 都江堰

都江堰是世界文化遗产（2000年被联合国教科文组织列入“世界文化遗产”名录）、世界自然遗产（四川大熊猫栖息地）、世界灌溉工程遗

---

① 龚咏棠、黄国光，《中国名酒五粮液史话》，《文史精华》2001年第10期。

②《五粮液三次蝉联巴拿马国际金奖》，央广网（中央广播电视总台），http://www.cnr.cn/caijing/xflc/zmpp/200302/t20030217_88748.html.

产，是全人类的精神财富。都江堰位于四川省成都市都江堰市城西，坐落在成都平原西部的岷江上，始建于秦昭王末年（约公元前256—前251年），是蜀郡太守李冰父子在传说由前人鳖灵开凿的基础上组织修建的大型水利工程，由分水鱼嘴、飞沙堰、宝瓶口等部分组成，两千多年来一直发挥着防洪灌溉的作用，使成都平原成为水旱从人、沃野千里的“天府之国”，至今灌区已达30余县市、面积近千万亩，是全世界迄今为止，年代最久、唯一留存、仍在一直使用、以无坝引水为特征的宏大水利工程，是中国古代劳动人民勤劳、勇敢、智慧的结晶。

文本阅读

1.《共产党宣言》（节选）

[德]马克思、恩格斯

一个幽灵，共产主义的幽灵，在欧洲游荡。为了对这个幽灵进行神圣的围剿，旧欧洲的一切势力，教皇和沙皇、梅特涅和基佐、法国的激进派和德国的警察，都联合起来了。

有哪一个反对党不被它的当政的敌人骂为共产党呢？又有哪一个反对党不拿共产主义这个罪名去回敬更进步的反对党人和自己的反动敌人呢？

从这一事实中可以得出两个结论：

共产主义已经被欧洲的一切势力公认为一种势力；

现在是共产党人向全世界公开说明自己的观点、自己的目的、自己的意图并且拿党自己的宣言来反驳关于共产主义幽灵的神话的时候了。

为了这个目的，各国共产党人集会于伦敦，拟定了如下的宣言，用英文、法文、德文、意大利文、弗拉芒文和丹麦文公布于世。

一、资产者和无产者

至今一切社会的历史都是阶级斗争的历史。

自由民和奴隶、贵族和平民、领主和农奴、行会师傅和帮工，一句话，压迫者和被压迫者，始终处于相互对立的地位，进行不断的、有时隐蔽有时公开的斗争，而每一次斗争的结局都是整个社会受到革命改造或者斗争的各阶级同归于尽。

在过去的各个历史时代，我们几乎到处都可以看到社会完全划分为各个不同的等级，看到社会地位分成多种多样的层次。在古罗马，有贵族、骑士、平民、奴隶，在中世纪，有封建主、臣仆、行会师傅、帮工、农奴，而且几乎在每一个阶级内部又有一些特殊的阶层。

从封建社会的灭亡中产生出来的现代资产阶级社会并没有消灭阶级对立。它只是用新的阶级、新的压迫条件、新的斗争形式代替了旧的。

但是，我们的时代，资产阶级时代，却有一个特点：它使阶级对立简单化了。整个社会日益分裂为两大敌对的阵营，分裂为两大相互直接对立的阶级：资产阶级和无产阶级。

从中世纪的农奴中产生了初期城市的城关市民；从这个市民等级中发展出最初的资产阶级分子。

美洲的发现、绕过非洲的航行，给新兴的资产阶级开辟了新天地。东印度和中国的市场、美洲的殖民化、对殖民地的贸易、交换手段和一般商品的增加，使商业、航海业和工业空前高涨，因而使正在崩溃的封建社会内部的革命因素迅速发展。

以前那种封建的或行会的工业经营方式已经不能满足随着新市场的出现而增加的需求了。工场手工业代替了这种经营方式。行会师傅被工业的中间等级排挤掉了；各种行业组织之间的分工随着各个作坊内部的分工的出现而消失了。

但是，市场总是在扩大，需求总是在增加。甚至工场手工业也不再能满足需要了。于是，蒸汽和机器引起了工业生产的革命。现代大工业代替了工场手工业；工业中的百万富翁，一支一支产业大军的首领，现代资产者，代替了工业的中间等级。

大工业建立了由美洲的发现所准备好的世界市场。世界市场使商业、航海业和陆路交通得到了巨大的发展。这种发展又反过来促进了工业的扩展。同时，随着工业、商业、航海业和铁路的扩展，资产阶级也在同一程度上得到发展，增加自己的资本，把中世纪遗留下来的一切阶级排挤到后面去。

由此可见，现代资产阶级本身是一个长期发展过程的产物，是生产方式和交换方式的一系列变革的产物。

资产阶级的这种发展的每一个阶段，都伴随着相应的政治上的进展。它在封建主统治下是被压迫的等级，在公社里是武装的和自治的团体，在一些地方组成独立的城市共和国，在另一些地方组成君主国中的纳税的第三等级；后来，在工场手工业时期，它是等级君主国或专制君主国中同贵族抗衡的势力，而且是大君主国的主要基础；最后，从大工业和世界市场建立的时候起，它在现代的代议制国家里夺得了独占的政治统治。现代的国家政权不过是管理整个资产阶级的共同事务的委员会罢了。

资产阶级在历史上曾经起过非常革命的作用。

资产阶级在它已经取得了统治的地方把一切封建的、宗法的和田园般的关系都破坏了。它无情地斩断了把人们束缚于天然尊长的形形色色的封建羁绊，它使人和人之间除了赤裸裸的利害关系，除了冷酷无情的“现金交易”，就再也没有任何别的联系了。它把宗教虔诚、骑士热忱、小市民伤感这些情感的神圣发作，淹没在利己主义打算的冰水之中。它把人的尊严变成了交换价值，用一种没有良心的贸易自由代替了无数特许的和自力挣得的自由。总而言之，它用公开的、无耻的、直接的、露骨的剥削代替了由宗教幻想和政治幻想掩盖着的剥削。

资产阶级抹去了一切向来受人尊崇和令人敬畏的职业的神圣光环。它把医生、律师、教士、诗人和学者变成了它出钱招雇的雇佣劳动者。

资产阶级撕下了罩在家庭关系上的温情脉脉的面纱，把这种关系变成了纯粹的金钱关系。

资产阶级揭示了，在中世纪深受反动派称许的那种人力的野蛮使用，是以极端怠惰作为相应补充的。它第一个证明了，人的活动能够取得什么样的成就。它创造了完全不同于埃及金字塔、罗马水道和哥特式教堂的奇迹；它完成了完全不同于民族大迁徙和十字军征讨的远征。

资产阶级除非对生产工具，从而对生产关系，从而对全部社会关系不断地进行革命，否则就不能生存下去。反之，原封不动地保持旧的生产方式，却是过去的一切工业阶级生存的首要条件。生产的不断变革，一切社会状况不停的动荡，永远的不安定和变动，这就是资产阶级时代不同于过去一切时代的地方。一切固定的僵化的关系以及与之相适应的素被尊崇的观念和见解都被消除了，一切新形成的关系等不到固定下来就陈旧了。一切等级的和固定的东西都烟消云散了，一切神圣的东西都被亵渎了。人们终于不得不用冷静的眼光来看他们的生活地位、他们的相互关系。

不断扩大产品销路的需要，驱使资产阶级奔走于全球各地。它必须到处落户，到处开发，到处建立联系。

资产阶级，由于开拓了世界市场，使一切国家的生产和消费都成为世界性的了。使反动派大为惋惜的是，资产阶级挖掉了工业脚下的民族基础。古老的民族工业被消灭了，并且每天都还在被消灭。它们被新的工业排挤掉了，新的工业的建立已经成为一切文明民族的生命攸关的问题；这些工业所加工的，已经不是本地的原料，而是来自极其遥远的地区的原料；它们的产品不仅供本国消费，而且同时供世界各地消费。旧的、靠本国产品来满足的需要，被新的、要靠极其遥远的国家和地带的产品来满足的需要所代替了。过去那种地方的和民族的自给自足和闭关自守状态，被各民族的各方面的互相往来和各方面的互相依赖所代替了。物质的生产是如此，精神的生产也是如此。各民族的精神产品成了公共的财产。民族的片面性和局限性日益成为不可能，于是由许多种民族的和地方的文学形成了一种世界的文学。

资产阶级，由于一切生产工具的迅速改进，由于交通的极其便利，把一切民族甚至最野蛮的民族都卷到文明中来了。它的商品的低廉价格，是它用来摧毁一切万里长城、征服野蛮人最顽强的仇外心理的重炮。它迫使一切民族——如果它们不想灭亡的话——采用资产阶级的生产方式；它迫使它们在自己那里推行所谓文明，即变成资产者。一句话，它按照自己的面貌为自己创造出一个世界。

资产阶级使农村屈服于城市的统治。它创立了巨大的城市，使城市人口比农村人口大大增加起来，因而使很大一部分居民脱离了农村生活的愚昧状态。正像它使农村从属于城市一样，它使未开化和半开化的国家从属于文明的国家，使农民的民族从属于资产阶级的民族，使东方从属于西方。

资产阶级日甚一日地消灭生产资料、财产和人口的分散状态。它使人口密集起来，使生产资料集中起来，使财产聚集在少数人的手里。由此必然产生的结果就是政治的集中。各自独立的、几乎只有同盟关系的、各有不同利益、不同法律、不同政府、不同关税的各个地区，现在已经结合为一个拥有统一的政府、统一的法律、统一的民族阶级利益和统一的关税的统一的民族。

资产阶级在它的不到一百年的阶级统治中所创造的生产力，比过去一切世代创造的全部生产力还要多，还要大。自然力的征服，机器的采用，化学在工业和农业中的应用，轮船的行驶，铁路的通行，电报的使用，整个整个大陆的开垦，河川的通航，仿佛用法术从地下呼唤出来的大量人口，——过去哪一个世纪料想到在社会劳动里蕴藏有这样的生产力呢？

由此可见，资产阶级赖以形成的生产资料和交换手段，是在封建社会里造成的。在这些生产资料和交换手段发展的一定阶段上，封建社会的生产和交换在其中进行的关系，封建的农业和工场手工业组织，一句话，封建的所有制关系，就不再适应已经发展的生产力了。这种关系已经在阻碍生产而不是促进生产了。它变成了束缚生产的桎梏。它必须被炸毁，它已经被炸毁了。

起而代之的是自由竞争以及与自由竞争相适应的社会制度和政治制度、资产阶级的经济统治和政治统治。

现在，我们眼前又进行着类似的运动。资产阶级的生产关系和交换关系，资产阶级的所有制关系，这个曾经仿佛用法术创造了如此庞大的生产资料和交换手段的现代资产阶级社会，现在像一个魔法师一样不能再支配自己用法术呼唤出来的魔鬼了。几十年来的工业和商业的历史，只不过是现代生产力反抗现代生产关系、反抗作为资产阶级及其统治的存在条件的所有制关系的历史。只要指出在周期性的重复中越来越危及整个资产阶级社会生存的商业危机就够了。在商业危机期间，总是不仅有很大一部分制成的产品被毁灭掉，而且有很大一部分已经造成的生产力被毁灭掉。在危机期间，发生一种在过去一切时代看来都好像是荒唐现象的社会瘟疫，即生产过剩的瘟疫。社会突然发现自己回到了一时的野蛮状态；仿佛是一次饥荒、一场普遍的毁灭性战争，使社会失去了全部生活资料；仿佛是工业和商业全被毁灭了，——这是什么缘故呢？因为社会上文明过度，生活资料太多，工业和商业太发达。社会所拥有的生产力已经不能再促进资产阶级文明和资产阶级所有制关系的发展；相反，生产力已经强大到这种关系所不能适应的地步，它已经受到这种关系的阻碍；而它一着手克服这种障碍，就使整个资产阶级社会陷入混乱，就使资产阶级所有制的存在受到威胁。资产阶级的关系已经太狭窄了，再容纳不了它本身所造成的财富了。——资产阶级用什么办法来克服这种危机呢？一方面不得不消灭大量生产力，另一方面夺取新的市场，更加彻底地利用旧的市场。这究竟是怎样的一种办法呢？这不过是资产阶级准备更全面更猛烈的危机的办法，不过是使防止危机的手段越来越少的办法。

资产阶级用来推翻封建制度的武器，现在却对准资产阶级自己了。

但是，资产阶级不仅锻造了置自身于死地的武器；它还产生了将要运用这种武器的人——现代的工人，即无产者。

随着资产阶级即资本的发展，无产阶级即现代工人阶级也在同一程度上得到发展；现代的工人只有当他们找到工作的时候才能生存，而且只有当他们的劳动增殖资本的时候才能找到工作。这些不得不把自己零星出卖的工人，像其他任何货物一样，也是一种商品，所以他们同样地受到竞争的一切变化、市场的一切波动的影响。

由于推广机器和分工，无产者的劳动已经失去了任何独立的性质，因而对工人也失去了任何吸引力。工人变成了机器的单纯的附属品，要求他做的只是极其简单、极其单调和极容易学会的操作。因此，花在工人身上的费用，几乎只限于维持工人生活和延续工人后代所必需的生活资料。但是，商品的价格，从而劳动的价格，是同它的生产费用相等的。因此，劳动越使人感到厌恶，工资也就越少。不仅如此，机器越推广，分工越细致，劳动量出就越增加，这或者是由于工作时间的延长，或者是由于在一定时间内所要求的劳动的增加，机器运转的加速，等等。

现代工业已经把家长式的师傅的小作坊变成了工业资本家的大工厂。挤在工厂里的工人群众就像士兵一样被组织起来。他们是产业军的普通士兵，受着各级军士和军官的层层监视。他们不仅仅是资产阶级的、资产阶级国家的奴隶，他们每日每时都受机器、受监工、首先是受各个经营工厂的资产者本人的奴役。这种专制制度越是公开地把营利宣布为自己的最终目的，它就越是可鄙、可恨和可恶。

手的操作所要求的技巧和气力越少，换句话说，现代工业越发达，男工也就越受到女工和童工的排挤。对工人阶级来说，性别和年龄的差别再没有什么社会意义了。他们都只是劳动工具，不过因为年龄和性别的不同而需要不同的费用罢了。

当厂主对工人的剥削告一段落，工人领到了用现钱支付的工资的时候，马上就有资产阶级中的另一部分人——房东、小店主、当铺老板等等向他们扑来。

以前的中间等级的下层，即小工业家、小商人和小食利者，手工业者和农民——所有这些阶级都降落到无产阶级的队伍里来了，有的是因为他们的小资本不足以经营大工业，经不起较大的资本家的竞争；有的是因为他们的手艺已经被新的生产方法弄得不值钱了。无产阶级就是这样从居民的所有阶级中得到补充的。

无产阶级经历了各个不同的发展阶段。它反对资产阶级的斗争是和它的存在同时开始的。

最初是单个的工人，然后是某一工厂的工人，然后是某一地方的某一劳动部门的工人，同直接剥削他们的单个资产者作斗争。他们不仅仅攻击资产阶级的生产关系，而且攻击生产工具本身；他们毁坏那些来竞争的外国商品，捣毁机器，烧毁工厂，力图恢复已经失去的中世纪工人的地位。

在这个阶段上，工人是分散在全国各地并为竞争所分裂的群众。工人的大规模集结，还不是他们自己联合的结果，而是资产阶级联合的结果，当时资产阶级为了达到自己的政治目的必须而且暂时还能够把整个无产阶级发动起来。因此，在这个阶段上，无产者不是同自己的敌人作斗争，而是同自己的敌人的敌人作斗争，即同专制君主制的残余、地主、非工业资产者和小资产者作斗争。因此，整个历史运动都集中在资产阶级手里；在这种条件下取得的每一个胜利都是资产阶级的胜利。

…………

（选自马克思、恩格斯，《共产党宣言》，中共中央马克思恩格斯列宁斯大林著作编译局译，人民出版社，1997 年，第 26 ~ 36 页。）

2.《别了，帝国主义审美》，易丹，《文艺理论与批评》2001 年第 3 期

（正文略）

3.《都江堰》，余秋雨，选自《文化苦旅》，东方出版中心，2001 年

（正文略）

4.《当代社会理论下的全球化（节选）》，[美]威廉·舒尔曼著，周领顺、顾成豪译，《中国翻译》2020 年第 1 期

（正文略）

思考题

1. 你身边还有哪些全球化现象？

思考指引：观察中国城市和乡村中的经济全球化、文化全球化现象，从人们的衣着、饮食、消费、节庆、仪式中寻找线索。

2. 马克思有哪些关于全球化的重要论述？

思考指引：马克思、恩格斯在《共产党宣言》中，描述了现代社会的发生、发展，生产力的大发展，全球市场的形成，文化全球化的发展和“世界文学”的形成。

3. 怎样理解“越是民族的，越是世界的”？

思考指引：“越是民族的，越是世界的”含义非常深刻，不同文明之间的交流互动从未停止。结合“案例分析”中的案例，和“文本阅读”中的《别了，帝国主义审美》《都江堰》，可以理解这句话的深刻内涵。

4. 学习本课程的主要目标是什么？

思考指引：学习“全球化与中国文化”这门课主要有四个目标，第

一是要了解全球化的理论和历程，第二是要了解全球化与中国文化的互动，第三是要了解互动中文化的碰撞和中华民族坚韧不拔的精神，第四是要了解我们今天在全球化过程中的位置和作为。

推荐书目

1. [美]曼弗雷德 · B. 斯蒂格,《全球化面面观》，丁兆国译，译林出版社，2013 年。

2. [美]约瑟夫 · E. 斯蒂格利茨,《让全球化造福全球》，雷达、朱丹、李有根译，中国人民大学出版社，2013 年。

3. [德]赫尔曼 · 西蒙，杨一安,《隐形冠军：未来全球化的先锋》，张帆、吴君、刘惠宇、刘银远译，机械工业出版社，2019 年。

4. 杨雪冬,《全球化：西方理论前沿》，社科文献出版社，2002 年。

5. 哈佛燕京学社,《全球化与文明对话》，江苏教育出版社，2004 年。

第二章
西学东渐

理论关键词

1. 西学东渐

“西学东渐”是当今学术界，特别是科技史学界耳熟能详的一个词。一些学者认为，此词词源为1915年出版的，由恽铁樵、徐凤石根据容闳的英文回忆录翻译的《西学东渐记》(*My Life in China and America*)。[①]西学在这里特指近代西方政治、经济、科学等方面的学说或技术。渐，意为“流入”；东渐，原指河水东流入海，引申为向东方流传。所以，所谓“西学东渐”是西方的自然科学和社会科学向东方流传的历史过程，通常指明末清初以及清末民初两个时期西方思想的传入。

2. 曲线传教

明朝后期，来华传教士在传教活动上屡屡受挫。以利玛窦为代表的耶稣会传教士，总结了传教初期在普通民众之间单纯地传教的失败经验，转而采取曲线传教的方法：积极融入中国人的生活，甚至跟士大夫结交、走上层路线，翻译西方科技著作、传入西方新事物，让中国人对他们刮目相看，进而接受天主教教义。据说崇祯年间，明朝官员士大夫入天主

① 芦笛，《“西学东渐”一词始于清末而非民初》，《中国科技术语》2017年第1期。

教者不胜枚举，甚至皇族、宗室、后妃、宦官等加入天主教的都有相当数量，全国范围内入教人数到明末估计有四五万人。

3.《几何原本》

《几何原本》是古希腊数学家欧几里得所著的一部数学著作。他列出了一些公设和公理，然后再以形式逻辑的方法，由简到繁地证明它们，从而建立了一套严密的逻辑体系，被西方后世奉为必须遵守的严密思维的范例。

1607年，传教士利玛窦与明代著名科学家、政治家徐光启合译了《几何原本》，极大地影响了中国原有的数学学习和研究的习惯，为中国数学的发展提供了新的视野，是中国数学史上的一件大事。徐光启说："百年之后，必人人习之。"

今天几何学中一些最基本的术语，如几何、点、线、直线、平行线、角、三角形和四边形等中文译名，都是利玛窦与徐光启的这个译本定下来的。这些译名不仅一直流传到今天，而且东渡日本等国，影响颇为深远。

4.《九章算术》

《九章算术》是我国古代最著名的数学著作，成书于公元1世纪左右，内容十分丰富，全书总结了春秋战国、秦、汉时期的数学成就。它不仅最早提到分数、负数问题，也首先记录了盈不足等问题，在中国数学史上具有极深远的影响。《九章算术》的特点是以计算为中心，具有很强的实用性，但是其中没有任何数学概念的定义，也没有给出任何推导和证明。

《九章算术》密切联系实际，旨在解决人们生产、生活中的实际数学问题。这与西方人的数学经典《几何原本》形成强烈对比，由此也体现了中西科学思维的巨大差异。

5. 地理大发现

从15世纪到17世纪时期，受宗教思想、经济利益与政治利益等多重动力驱使，欧洲的船队纷纷向海洋远处探索——绕过好望角、到达印度洋；穿过大西洋、发现美洲大陆。这一切都极大地扩展了人们已知世界的范围，因此欧洲人这两三百年的壮举被称为地理大发现，又名探索时代、发现时代、新航路的开辟、大航海时代……从名称的多样性可以看出这一系列航海事件的历史影响和意义。

尽管地理大发现对除欧洲以外的许多国家和民族而言，影响是非常复杂而矛盾的，甚至是负面的，并且对新大陆的原生居民来说，地理大发现给他们带去的是死亡和掠夺，但不可否认的是，地理大发现在人类历史上是具有划时代意义的，它打破了各大洲之间的相对孤立的状态，使世界逐渐连为一个整体，为全球化提供了客观的地理环境和发展前提。

6. 郑和下西洋

1405—1433 年，明朝宦官郑和率领船队前后七次下西洋，是中国古代规模最大、船只和海员最多、时间最久的海上航行，无疑是中国古代航海史上的一次壮举。关于郑和船队的航海目的，历史上学者们说法不一。根据《明史·郑和传》里的记载，航海目的大概有寻找建文帝、宣扬大明威德的说法，后来又有获取海外朝贡等说法。但总的说来，其政治目的远大于经济目的，并且“厚往薄来”的朝贡贸易不是自由贸易，不可能长久。事实上，郑和下西洋之后，明朝就走向闭关锁国了。虽然从时间上来说，郑和下西洋比欧洲地理大发现略早，都是重大的航海活动，但就其对海洋经济和世界格局的影响来说，它是比不上欧洲地理大发现的。

7. 中国礼仪之争

以利玛窦为代表的西方传教士，为了减少传教阻力，依附儒教，顺应中国习俗，并且尊重中国人敬天、祭祖、祀孔的礼仪习俗，不但使自己的生活方式儒化，还把天主教教义加以儒化，因此中国的教徒所信奉的实际上是“中国化”的天主教。1610 年，利玛窦去世后，意大利传教士龙华民接任中国耶稣会总会长。他不认同利玛窦之前的传教方式，主张加以改变，例如他要求废除“天”“上帝”“天主”“灵魂”等汉语词汇，主张一律采用音译词。这样就形成了两种对立的主张。后来多明我会介入，礼仪之争正式升级。多明我会在华传教起步较耶稣会略晚。1631 年多明我会正式开始对华传教，且立刻向教廷报告，指责耶稣会宽容中国信徒祭祖、尊孔，终引起罗马教廷介入。教皇克雷芒十一世认为中国儒教的皇帝及祖先崇拜等情况违反了天主教教义，因而支持多明我会，打压耶稣会，结果康熙帝震怒，于是严厉限制传教士活动，下令只有承认中国礼仪的教士才能留在中国。这场 17 世纪至 18 世纪的中国礼仪之争，体现了西方人“基督教徒—异教徒”对立的观念，具有强烈的排他性和控制欲，与中华文化中的包容性形成强烈对比。

8. 师夷长技以制夷

清代启蒙思想家魏源（1794—1857）在其著作《海图国志》的“原叙”中论及该书写作目的时提出：“是书何以作？曰：为以夷攻夷而作，为以夷款夷而作，为师夷长技以制夷而作。”这一主张后成为洋务运动前期的指导思想，意指通过学习西方的先进技术强大自身以抵御西方的侵略。

9. 洋务运动

经历了两次鸦片战争的失败及一系列内忧外患的打击后，清朝的一部分官僚开始认识到学习西方先进技术的重要性。这一批人被称为“洋务派”。在这场发生在 19 世纪 60 年代到 90 年代的自上而下以挽救清朝统治为目的的自救运动中，洋务派提倡“西学”、推动“洋务”，希望通过引进西方先进的科学技术，兴办军事工业、民用企业，最终达到“自强”“求富”的目的。

10. 戊戌变法

甲午海战的惨败以及丧权辱国的《马关条约》的签署激起了一部分

先进知识分子的深思，并提出在保存君主制度的前提下进行政治改革的主张。他们被称为“维新派”。“戊戌变法”是发生在清光绪二十四年（1898年），以康有为、梁启超为代表的维新派人士通过光绪帝进行的资产阶级政治改革运动。

案例分析

1. 穿儒服的利玛窦

明朝后期，耶稣会传教士来华宣扬天主教教义，但屡屡受挫，不为中国民众所接受，甚至遭到抵触和驱逐。于是意大利传教士利玛窦积极变通，改变了传教策略，他不仅说汉语、习中文典籍，还蓄发留须、穿儒服，顺应中国民俗，并且尊重中国人敬天、祭祖、祀孔的礼仪习俗，不但使自己的生活方式儒化，还把基督教的教义也加以儒化。他撰写《交友论》《二十五言》《天主实录》等中文书籍，提高天主教在中国民众间的接受度，对中国人进行天主教教义上的、逐步的、由浅及深的渗透，简而言之，就是遵循“合儒—补儒—超儒”[①]的传教策略。

2. 汤若望的《时宪令》

清顺治元年（1644年），摄政王多尔衮指示，将明朝的《大统历》废弃，改用《时宪令》。其编订者就是耶稣会传教士汤若望。《时宪令》是中国历史上第一次抛弃传统历法，采取西洋天文学系统知识，并依照中国民用历法体制编成的新式历法。经过公开验证，《时宪令》的准确性和实用性都较之前中国的传统历法更为显著。其影响极为深远，我国现行的农历就继承了当中的一些重要原则。汤若望因为对天文历法的精通，被任命为钦天监监正，这是中国历史上首次由外国人任此职，并且从此

① 石衡潭，《从合儒、补儒到超儒——利玛窦〈交友论〉与卫匡国〈逑友篇〉试论》，《世界宗教研究》2016年第5期。

开创了清朝将近两百年之久的任用耶稣会传教士掌管钦天监的传统。在钦天监任职也成了清朝传教士步入仕途、在封建皇室身边站稳脚跟的重要途径。当然，客观来说，这些传教士翻译了大量的西方天文书籍，建造了大批天文仪器，多次修订了中国的历书，也为中西科技文化交流做出了重要贡献。

3. 李约瑟难题

中国古代曾拥有非常先进的科学技术，如享誉全球的“四大发明”。为何到了明清时期，中国的科技相对西方来说又落后了一大截呢？英国近代生物化学家、科学技术史专家李约瑟在其著作《李约瑟中国科学技术史》（1954 年）中提出：“中国的这些发明和发现往往远远超过同时代的欧洲，特别是在 15 世纪之前更是如此。欧洲在 16 世纪以后就诞生了近代科学，这种科学已被证明是形成近代世界秩序的基本因素之一，而中国文明却未能在亚洲产生与此相似的近代科学，其阻碍因素是什么？”①（俗称“李约瑟难题”）

李约瑟从科学方法的角度进行了解释。首先，中国没有具备适宜科学发展的自然观，如中国人看重天人合一，而非物我二元论；其次，中国人太讲究实用，很多发现停留在了经验阶段，四大发明、《九章算术》就是例证；最后，中国的科举制度束缚了人们对自然规律、科学技术等方面探索的兴趣和激情，读书人的思想被束缚在古籍和功名上。李约瑟还特别提出，中国人不善于利用数字进行管理，儒家传统只注重道德修养而不注重理性思维的培养。

李约瑟难题的提出，确实值得我们反思。所幸的是中国人痛定思痛，迎头赶上，如今在诸多科技领域已经处于世界先进行列。

4. 雍正禁教

雍正元年（1723 年），福建省福安县有一中国天主教教徒宣布弃教，

---

① [英]李约瑟，《李约瑟中国科学技术史》（第一卷导论），袁翰青等译，科学出版社，2018 年，第 3 页。

并向官府指控教士们聚敛地方百姓财物修建教堂，并且男女混杂、伤风败俗。此事引起了雍正帝的高度重视，并最终诏令全国驱逐西方传教士，将其遣送澳门或暂留广州。

雍正的禁教措施，基于民间存在的一些传教乱象，更是因为清朝统治阶级从周边国家被西方占领的现实看出西方国家与教会的联系，看出天主教在华传播给中国带来的危险性，因此禁教是有一定意义的。而这一举措实际上是康熙末年“中国礼仪之争”的后续，也是“百年禁教”的开端，影响十分巨大。禁教在一定程度上使清代的科学技术倒退回“西学中源”的故步自封之中，对于之前通过传教士传入的科学技术，统统以“天子失官，学在四夷”加以解释。清政府的如此举措一方面拒绝了域外科技文化的传播，另一方面也主动地关上了对世界开放了解的大门。

5. 斯当东的《英使谒见乾隆纪实》

1792 年，英国政府派乔治·马戛尔尼为特使，以贺乾隆帝八十大寿为名，率领代表团出使中国，乔治·斯当东为副使。一行人于 1793 年 8 月抵达北京。斯当东在随团的近 4 个月时间里，记录了各项行程，最后汇集为《英使谒见乾隆纪实》。斯当东从西方人的角度，以敏锐的观察能力、较为客观真实的记录态度，对沿途的所见所闻做了比较详细的记载。书中记录了清代百姓艰苦的农业活动、日常生活，以及沿海渔民的渔业活动和水上生活等。

斯当东的《英使谒见乾隆纪实》出版后轰动西方。本书也成为西方学者研究 18 世纪中国社会较为权威的资料。

6. 留美幼童

1872 年，中国出现了近代历史上最早的大规模留学活动。在曾国藩、李鸿章、容闳等洋务派的主持下，清政府先后派出四批共 120 名幼童赴美国留学，其中 50 多人进入了哈佛、耶鲁、哥伦比亚、麻省理工等著名学府深造，回国后在海军、邮电、铁路和矿冶等领域学以致用，践行了他们当初的诺言：“此去西洋，深知中国自强之计，舍此无所他求。背负国家之未来，取尽洋人之科学。赴七万里长途，别祖国父母之邦，奋然无悔。”

1872 年 8 月 11 日，第一批 30 名幼童从上海出发，跨越太平洋，登陆美国旧金山，继而乘坐贯通北美大陆的蒸汽火车到达美国东北部的新英格兰地区，开始了他们的留学生涯。他们以惊人的适应能力很快地克服了种种困难，不仅攻克了语言障碍，还在各科学业上表现优秀。据统计，到 1880 年，考入美国知名学府的有 50 余人。他们对于西方文化的态度也从最初的拒绝变为接受。随着时间的推移，他们不再愿意穿着中式服装，甚至剪掉了受之父母的长辫。西方资产阶级人文思想让他们失去了对四书五经的兴趣，将儒家的繁文缛节置于脑后，着迷于权利、自由、民主。然而这一变化并不是清政府想要看到的。

清政府派遣幼童留美的初衷仍是那句“中学为体，西学为用”的老话。他们希望在政治和思想上保持封建文化传统的前提下，学习西方的先进科学技术，“师夷长技以制夷”。当留美幼童一步步从剪掉长辫、信奉基督教，到自由恋爱之时，1881 年，首任中国驻美公使，亦是留学监督的陈兰彬上奏道：“吴嘉善特来华盛顿，面称：‘外洋风俗，流弊多端，各学生腹少儒书，德性未坚，尚未究彼技能，实宜易沾其恶习，即使竭力整饬，亦觉防范难周，亟应将局裁撤……’”①这一年，94 名留美幼童分三批被迫回国。

尽管留学活动引来了一些非议，但漂洋过海、异地求学九载，这批曾经青涩的留学生已经成长为栋梁之材。他们参与到洋务运动之中，活跃于铁路、海军、外交等多个领域。他们中有修建京张铁路的“中国铁路之父”詹天佑、清华大学首任校长唐国安、北洋大学校长蔡绍基、让美国退还部分庚子赔款的驻美公使梁诚，还有中美文化交流学者钟文耀，以及在甲午海战中为国捐躯的沈寿昌、黄祖莲等。

7. 五大臣出国考察

第一次鸦片战争的惨败，清政府天朝帝国万世长存的幻想彻底破灭。

---

① 陈兰彬，《陈兰彬集》(一)，广东人民出版社，2018 年，第 68 页。

以“坚船利炮”为代表的西方文明打开了清朝封闭的大门。一系列战争的结局促使中国的有识之士不得不思考，为什么泱泱大国竟被自己一向不齿的“夷狄”打败？在一系列的追问中，清政府迈开了“知夷”的第一步。

19 世纪 60 年代至 20 世纪初，清政府官员曾经三次大规模集体出洋：第一次是 1868 年的蒲安臣使团。这是由外国人率领的近代中国第一个外交使团。第二次是 1887 年的海外游历使团。这是清政府第一个通过考试选拔，且全部由中国官员组成的游历使团。第三次是 1905 年的五大臣出洋。这是清政府第一次派遣王公大臣集体出洋考察各国政治。

为了在尽量短的时间里考察尽量多的国家，此次考察兵分两路，一路先到日本，再转至欧洲的英、法、比利时；另一路前往美、德、意大利、奥地利等国。这次出国考察，“宪政”是首要目标。所谓“宪政”，又称立宪主义，是一种主张国家权力来自一部基本法律且受其约束并规定公民权利的学说或理念。因此，每到一国，考察计划中必然包括对于议院的参观和议会制度的考察。在这些实行宪政的国家中，执政党和在野党之间为了国家利益做出的沟通以及君主和议会之间的互动关系，让他们耳目一新。以下的这段文字是在目睹了美国议院中议员的争论后，大臣们发出的感叹：“恒以正事抗论，裂眦抵掌，相持未下，及议毕出门，则执手欢然，无纤芥之嫌。盖由其于公私之界限甚明，故不此患也。”当来到最早以坚船利炮打开中国国门的英国时，他们的记录如下：“议员分为政府党与非政府党两派。政府党与政府同意，非政府党则每事指驳，务使折中至当，而彼此不得争执。诚所谓争公理、不争意气者，亦法之可贵者也。”在意大利考察时，官员们看到意大利议会中往往由议院就可以决定国王任命大臣之去留。对于这些考察大臣而言，此事让他们感到十分诧异，感叹道：“义国任命大臣之权，操诸国王之手。而大臣之不职者，得由下议院控诉之，而由上议院以裁判之。欧洲诸国，政制相维，其法至善，胥此道也。”

字里行间，流露出的不仅是惊奇，更是赞叹。要知道，当法国大革命成功，制宪会议发表《人权宣言》，宣布“人生而平等”时，当法国颁布第一部宪法，明确三权分立原则时，“大清王朝”还沉浸在“康乾盛世”

的落日余晖之中。百余年的时间里，清朝每况愈下，被动、落后、挨打。为什么？原以为是没有洋枪洋炮，后又发现没有强大的工业经济，此时大臣们认识到实际上缺的是一种名为“宪政”的政治制度。于是，1906年夏秋之际，经过近半年的海外考察，当两批出洋大臣先后回到中国之时，他们不仅编写了《欧美政治要义》一书，将欧美各国的政体或者相关的政治制度进行了简略的介绍，还在梁启超、杨度等人在东京事先写好的有关实行宪政的文章基础上草拟了一份《考察宪政报告》，向清朝政府复命，正式提出了实行君主立宪的主张。

1906 年 9 月 1 日，清朝政府也终于颁布了仿行立宪的诏令。1908 年 8 月，又颁布了《钦定宪法大纲》，准备立宪，命令各部共筹计划。尽管立宪的呼声最终湮没于滚滚的历史浪潮之中，但这呼声背后的思想意识，是晚清西学东渐历程中关于“渐什么”“学什么”的一次重要转变。

8. 严复与《天演论》

严复是 1877 年清朝政府选派的 30 名分赴英法留学的船政学堂学生之一。经过 5 个月的语言学习后，他转入格林威治皇家海军学院学习，1879 年 6 月，严复完成学业归国。

严复被派往英国留学的主要目的在于学习海军专业知识，以提升操作军舰的技术水平，但显然他心里有比这更高远的抱负。在对西学的热情探求的背后，有对清朝的落后、腐败和软弱的忧患意识，有寻找救国真理的渴望。通过对西洋科技的学习，严复学到了具体的数学、物理知识。他认为西洋的科学研究精神、民主政治制度乃西方诸国强盛的根源。在留学英国的两年时间里，除了学习，严复还广泛接触英国社会各方面的民情物状。严复曾去旁听英国法庭的审判，见到原告与被告同坐一室，有律师替双方辩护，受到极大的震动。晚年回忆起当时的场景，他写道：“独忆不佞初游欧时，尝入法庭，观其听狱，归邸数日，如有所失。”他曾陪同当时的清朝驻英公使郭嵩焘到巴黎考察其城市下水道设施，事后记录道：“吾游欧美之间，无论一沟一塍一廛一市，莫不极治缮葺完。”发完感叹，严复也思考了现象后的深层次原因——“一言蔽之，无往非精神之所贯注而已”。他认为这实因中国凡事任官管治，而西方则依靠人民自理。人民能自治，便能自爱自主自理，而这在严复看来正是中西强弱贫富的分野所在。这时的严复已经认识到西方的强大不仅仅是“船坚炮利”。他开始从“器物”走向“道”，也就是从制度层面去寻求西方富强的秘密。

1894 年甲午战败后，1895 年春节刚过，严复就在天津的《直报》上接连发表了《论世变之亟》《原强》《辟韩》《救亡决论》四文呼喊改革，明确指出中国面临的危机是千古未有的深层文化危机。此时的他不再寄希望于坚船利炮救中国，而是通过报纸大声疾呼，只有改造社会才能救亡图存。1897 年 10 月，严复和友人夏曾佑在天津创办《国闻报》，他亲自撰写大部分社论，并在不久后开始连载英国博物学家赫胥黎的《天演论》。

不论是作品的选择，还是“天演”二字的选择，我们都能看到严复的良苦用心。达尔文通过《物种起源》提出了自然选择在生物进化中的作用。在此基础上，赫胥黎提出人类因其高于动物的“本性”，在发展过程中不仅仅是顺应自然，更是在与自然的斗争中不断走向完善。这样的观点给正因甲午海战的冲击而困顿、彷徨的严复带来了启发。他办报、译书的目的，并不是简单地将《天演论》引进中国或是只为分析进化的意义，而是寄希望于这本书为民族敲响“进者存而传焉，不进者病而亡焉”的警钟，告诉国人唯有自强进取、奋发图强，我们的国家、民族方可生存发展。

文本阅读

1.《李约瑟中国科学技术史》（节选）

[英]李约瑟

现在，人们已经越来越广泛地认识到，科学史是人类文明史中一个头等重要的组成部分。在这一认识的发展过程中，西欧人很自然地从近代的科学和技术回溯过去，认为科学思想的发展起源于古代地中海地区各民族的经验和成就。我们可以从现存的大量文献中看到希腊和罗马的思想家、数学家、工程师以及自然界的观察者们所奠定的这种基础。……

至于远东的文明、特别是其中最古老而又最重要的中国文明对科学、科学思想和技术的贡献，直到今天还仍然为云翳所遮蔽，而没有被人们所认识。“远东”这个名词本身，就说明了欧洲人有一种根深蒂固的偏见，甚至连那些怀有良好意愿的欧洲人，也很难排除这种偏见。我自己在前面也自然而然地使用了“远东”这个名词，但是以后在这部书中，我将不再使用它。本书的主题就是要论述亚洲、特别是中国在科学上的贡献。

在不同的历史时期，即在古代和中古代，中国人对于科学、科学思想和技术的发展，究竟做出了什么贡献？虽然从耶稣会士17世纪初来到北京以后，中国的科学就已经逐步融合在近代科学的整体之中，但是，人们仍然可以问：中国人在这以后的各个时期有些什么贡献？广义地说，中国的科学为什么持续停留在经验阶段，并且只有原始型的或中古型的理论？如果事情确实是这样，那么在科学技术发明的许多重要方面，中国人又怎样成功地走在那些创造出著名“希腊奇迹”的传奇式人物的前面，和拥有古代西方世界全部文化财富的阿拉伯人并驾齐驱，并在3到18世纪之间保持一个西方所望尘莫及的科学知识水平？中国在理论和几何学方法体系方面所存在的弱点，为什么并没有妨碍各种科学发现和技术发明的涌现？中国的这些发明和发现往往远远超过同时代的欧洲，特别是在15世纪之前更是如此（关于这一点可以毫不费力地加以证明）。欧洲在16世纪以后就诞生了近代科学，这种科学已被证明是形成近代世界秩序的基本因素之一，而中国文明却未能在亚洲产生与此相似的近代科学，其阻碍因素是什么？另一方面，又是什么因素使得科学在中国早期社会中比在希腊或欧洲中古社会中更容易得到应用？最后，为什么中国在科学理论方面虽然比较落后，但却能产生出有机的自然观？这种自然观虽然在不同的学派那里有不同形式的解释，但它和近代科学经过机械唯物论统治三个世纪之后被迫采纳的自然观非常相似。这些问题是本书想要讨论的问题的一部分。

…………

今天，虽然有一些“白种人”可能已经放下他们的“包袱”，甚至把它忘记了，然而，难道就没有一些欧洲人，当他们看到现代科学技术已使整个世界的面貌发生了变化的时候，会常常情不自禁地对自己说，归根结底，这一切毕竟是从欧洲的伽利略（Galileo）和维萨留斯（Vesalius）开始的，从而得出欧洲人得天独厚的结论吗？这种看法必须加以有益的纠正。在人类了解自然和控制自然方面，中国人是有过贡献的，而且贡献是伟大的。像伽利略和维萨留斯等一类人物之所以都出在欧洲，很可能完全不是因为欧洲人有什么内在的优越性，而是由于欧洲有一些有利的环境因素，而这些有利因素过去没有也不能够在具有不同的地理背景以及受其影响的不同社会进程的其他文明中起作用罢了。无论如何，这个问题是值得探讨的。然而，有一点是肯定的：没有一个民族或一个多民族集体曾经垄断过对科学发展所做出的贡献。各个民族的成就，应该由全世界人民携起手来共同赏识，纵情歌颂。

［选自李约瑟，《李约瑟中国科学技术史》（第一卷 导论），袁翰青等译，科学出版社，2018 年，第 3 ~ 8 页］

2.《从利玛窦到海德格尔》（节选）

沈清松

基本上，利玛窦、庞迪我以及其他明末清初的耶稣会士，大抵都是持压抑性的德行观。他们比康德要早一个多世纪，因为康德哲学是要到十八世纪末叶才提出其道德哲学，基本上也是主张压抑性的德行观。我用"压抑性的德行观"来对比于孔、孟或亚里士多德的"创造性的德行观"，后者认为"德行"是在于自身本有能力的卓越化。人本有一些善根或向善的良好能力，如有恻隐之心，有不忍人之心，将之发展，使之卓越化，便成为"仁"德；有认知能力，将之发展，使之卓越化，便成为"智"德。同理，仁、义、礼、智皆可成德。亚里士多德也是如此，对他来说，德行就是卓越；智慧、勇敢、节制和正义，都是人本有良好能力的卓越化。

不过，比较起来，先秦儒家的德行观也有不同于亚里士多德之处。先秦儒家除了讲本有良好能力的卓越化，还讲关系的和谐化，更视之为德行。人致力于与父母关系和谐，是为孝；弟致力于与兄关系和谐，是为悌；此外，恭、宽、信、敏、惠等等，这些德行也都是关系性的德行，是在名种关系中取得和谐。也因此，对于儒家言，关系的和谐化更是一种德行，总之，在先秦儒家里面，德行包含了能力的卓越化和关系的和谐化，两者都是创造性的、动态性的，并不主张压抑欲望，亦非以压抑欲望就可以达至德行。

利玛窦这些人虽然向往先秦儒家，但他们之所以向往，是因为其中有对天的敬仰，至于他们对于先秦儒家创造性的德行观，并没有深切的体会，反而是从压抑的德行观来理解“克己复礼”之意。这也和他们对于人类学和人性论的看法有关系。照他们看来，人有灵魂，有肉体，是灵、肉二元的对立关系。肉体是欲望的来源、是罪恶的渊薮；灵魂则是善的，心中向往天主。然而，人要亲近天主，就必须克制肉体欲望，陶成美德。这是一种二元论的人性论。他们认为：此世只是暂时的过旅，真正的人生目的是在天堂。为此，必须否定此世的欲望，陶成德行，致力于永恒的生命。这样的伦理生活有二元论的意味，也是一种窒欲主义，要人努力克制欲望，才可陶练品德。

（选自沈清松，《从利玛窦到海德格尔》，华东师范大学出版社，2016年，第60～63页）

3.《欧洲与中国》（节选）

陈乐民

郑和航海不仅是“明初盛事”，也是航海史上的壮举。但是与伽玛等反映了商业资本的躁动与成长的航海事业相比，则意义完全不同，在世界发展史中的作用自然也不同。中国天朝的视野极于郑和所达到的最西界，大体是霍尔木兹、佐法耳、亚丁、摩加迪肖等地。郑和以后，这样的举动即不再有。因此郑和在他航行的较西地区留下的影响是很有限的。郑和到过的地方都比中国落后，郑和的随行人员马欢、巩珍、费信等人根据耳闻目睹写下的《瀛涯胜览》《西洋番国志》《星槎胜览》等可证。这也更增加了明廷的“声教洋溢乎四海，仁化溥洽于万方”的大国心态。

…………

然而，无论如何，中国人的目光正在不自觉地射向南洋和比南洋更远的地方，他们当然根本不可能意识到，中国正在不可避免地走向外部世界，包括与完全陌生的、在脑子里几乎不存在的西方。东汉时期大秦来使，元朝时马可·波罗来朝，都有很大的偶然性。在“地理大发现”的浪头中，在欧洲人走出中世纪向海外探索的当口，一个新的历史时期迈开了脚步，在这种历史文化背景下，葡萄牙人的东来不再是一时的、偶然的孤立现象，而是正在肇始一场一发不可止的、更大规模的欧洲人的东航，从而引发出东西文明的碰撞。几十年后，成百来年后以意大利人利玛窦为先导的西欧耶稣会士，不仅带来了天主教义，而且带来了数学、天文、地舆、水利等科学技术知识。

…………

“骄傲”与闭关镇国的历史相辅相成，是种坐井观天式的“骄傲”。在葡萄牙人占据澳门之后，明王朝的有些官吏受到了震动，然而，人们仍然不可能预想到中国在未来中西交通中将受到怎样的考验，明王朝拿不出进取的对策，只是千方百计地要拦住袭来的潮水。我国著名史学家邓之诚这样评述葡人东来的影响：“葡人既抵印度，复东进而据锡兰、摩鹿加、爪哇、马六甲诸岛。东方航权，遂操诸其手。中西势力之消长，此其关键焉。”这是很有见地的。

（选自陈乐民，《欧洲与中国》，生活·读书·新知三联书店，2014 年，第 73 ~ 78 页）

4.《西学东渐与晚清社会》（节选）

熊月之

百年之中，西学输入，或由政府规划，或出个人胸臆，或为西人控制，或系华人主持，尽管他们终极目标各有不同，但从中国实际出发、比较中西异同、引进西学、改造中国的操作原则却有相通之处。中国社会的变动曲线，也就成了西学东渐的主线。

综合百年历史，可以清楚地发现，西学东渐是围绕以下几个主题展开的：

第一，了解世界。鸦片战争，中西会面，三千年一大变局，西人面对的是闭塞的中国，国人面对的是陌生的西方。让中国了解西方、了解世界，是一批西人的愿望，也是中国洞烛机先之士的共识。前有裨治文的《美理哥合省国志略》，郭实腊的《大英国统志》《贸易通志》；中有林则徐组织翻译的《四洲志》，梁廷枏的《海国四说》，魏源的《海国图志》，徐继畬的《瀛寰志略》；后有丁韪良译《万国公法》，傅兰雅译《公法总论》《各国交涉公法论》《各国交涉私法论》，还有介绍英、法、美、俄、德、日等国的各种新志、通史。这些著作，介绍了世界各国的地理环境、历史沿革、政治制度、经济状况、文化风貌、宗教信仰、风俗习惯、著名人物，介绍了国际交往的惯例通则，使中国对外部世界有了比较切实的了解，也为中国适应新的世界环境提供了具体而有参考价值的知识。

第二，求强求富。两次鸦片战争的失败，特别是第二次鸦片战争的失败，外国军队打到京师，逼签城下之盟。这对清朝政府来说，既是愧对列祖列宗的奇耻大辱，也是暴露积贫积弱的奇祸巨变。以学习西方坚船利炮和科学技术为中心内容、以求强求富为目标的洋务运动因之而起。围绕着这一运动，19 世纪 60 年代至 90 年代，翻译、介绍西方兵工文化、科学技术，成为中国输入西学的主体部分。江南制造局翻译馆为输入此类西学的大本营。求强的译作有关于新式军队、先进兵器、西方兵法的系列书籍，《行军指要》《水师操练》《克虏伯炮说》《制火药法》《防海新论》等为其著者。求富的译作有探矿采煤、冶金制器、农工经济等方面，《宝藏兴焉》《工程致富》《探矿取金》《西艺知新》《农学初级》《农务全书》等为其要者。……

第三，救亡图存。甲午战争以后，瓜分之祸，迫在眉睫，摆在人们面前的，已经不是求强求富，而是救亡图存的问题。于是，以进化论为灵魂、以革故鼎新为主题的《泰西新史揽要》风行一时；以亡国灭种作警告、以针砭时弊为特色的《中东战纪本末》传诵海内；以教育兴国作号召、以日本变法为借鉴的《文学兴国策》备受欢迎。天演学说因之走红，立宪之议随之高扬，各种变政历史、亡国历史、维新传记纷纷出版，各种醒华、救华、兴华、振华的刍议、卑议、高议、新议、通议、危言、庸言竞相提出。这一问题，自甲午迄辛亥，一直是中国志士仁人关心的重点之一，也是译书的重点之一。

第四，民主革命。1900 年以后，民主革命风潮涌起。民约论、自由论、自治论、独立论的译作成为时髦之学，《路索民约论》《万法精理》

《自由原论》《美国独立宣言》等成为革命志士的神圣经典。……

第五，科学启蒙。从狭义上说，有意识地介绍科学基础知识、以提高普通民众的科学素质为宗旨的活动为科学启蒙。从广义上说，晚清所输入的西方科学，绝大多数属于启蒙范畴，因为那时民众的科学素养，多很低浅，所传科学知识，从总体上说，多为基础知识。有意识地、比较系统地进行科学启蒙，自傅兰雅编辑《格致汇编》、中外合办格致书院开始，益智书会所编的大部分教材，也可归于此类。真正形成规模、影响深远的，是20世纪初清政府实行新政、推行新的学制以后，涵盖各种学科、包括不同层次、遍布城市乡村和沿海内地的新式教科书。与此相呼应的，各种歌略、韵语、图说，也是科学启蒙的重要读物。通俗易懂、朗朗上口的《天文歌略》《地理歌略》《地球韵言》《女学歌略》，虽然字不满千，纸仅数页，但其影响，往往超过同等内容的高头讲章。

（选自熊月之，《西学东渐与晚清社会》，中国人民大学出版社，1994年，第19～21页）

5.《列国游记》（节选）

康有为

英国游记

抵伦敦

六月七日，自法之巴黎往伦敦。三时乘汽车行，七时渡衣袖海，乘汽舟颇小，暗浪汹汹，游客多晕。两国对岸，海边小山相接，炮垒相属，灯火相望，而英、法两界划分千年不能混一，惟此海之故。此海相隔八十里，汽船一时可渡，有若雷、琼之间耳。而英国恃此洪波，凭对大陆，自为国土政俗，大陆诸国无奈之何。虽以拿破仑之雄志吞欧土，而以海军联合丹墨，凡二十余舰，一败于鼐尔孙后，海军扫地而尽。拿破仑乃出封锁英货之法，而不能少损英之分毫。卒之，鼐尔孙寻之于埃及，威灵顿扰之于西班牙，终乃擒之于滑铁卢焉。若英不立国于海上，无此海以限隔，与大陆相连，或相去不远，则未必能练此雄劲之海军。

夫以拿翁之雄才，再灭意而三入奥，西吞班、葡而北咽日耳曼，以俄之大且远，犹提百万兵蹂躏之，矧英之至小而至近者哉！借非此海，拿翁之大蹲英伦三岛而奴属之久矣。欧洲既无强英之频挫其锋，频扰其属，频牵其臂，则拿必成功于俄，而全灭欧土。当是时也，英之汽机日出，汽船亦成，拿破仑乃凭借奖借而用之。夫以亚历山大之才，年不三十，而兵及印度。况拿破仑挟全欧之势，既灭奥后，即可西取突厥、波斯，而印度本法所经营，英既不保，取携更易。欧亚既并，轮舰飞驰，不十年可以千万大兵，千艘汽舰，压于我国，则吾数千年之文明种族将为印度，而大地将归并于法，拿翁将为全球之秦始皇矣。有此数十里之海，拿翁遂不能飞渡，蕞尔岛国之英得以独立，而吾中国即赖以保全，地球赖以不吞并。则此衣袖海也，天堑显设，以限陆海，岂徒英赖之，地球各国赖之，吾国赖之。凭船阑览眺，波浪汹涌，灯火苍茫，追思鼐尔孙拥旌旗破法舰之威灵，吾种族犹在帡幪之下，既感既兴，溯下风而惊叹不置也。试问吾国僻在远东，风马不及，闭关自乐，岂知幸不灭亡者，乃赖数万里外区区之衣袖海哉！

尝论今民权立宪之制，物机汽机之学，乃至无量政治之法，多出于英，为大地万国师。而英政俗之美，国力之厚，远包印度、澳大利亚，近举美洲，属地数十，旌旗随日月出入，其气象之伟大，为地球古今所未有。谓欧人明锐勇猛，则欧之为国十数，何独英擅其胜？谓近海者能练海军而辟新地，则班、葡、荷兰先英而有美洲及南洋，即法亦肆力于美洲及印度而先得之，何以大利独归于英？谓英为条顿种族，最能自治，最得自立，则日耳曼、奥、德、瑞士、荷兰皆出于条顿种族，即法兰西之兴，亦皆法兰克之余，同为沙立曼之裔民，其后种族亦多杂糅矣，即丹、瑞亦皆选主欧盟疆场之间，一彼一此，种族亦多杂糅，何莫非条顿之余枝？政俗略同，风习无异，何独英为最能自治、最得民权、最创宪法、最先创物质汽机哉？此亦今论政化学之第一疑问矣。

又拿破仑封锁大陆，英货不流，虽有西班牙时时盗买，亦有限矣。英既困穷，而是时人民仅千万计，壮夫不过一二百万耳。虽任农、工、商，何能自养？以之充兵，何能立国？且连岁兴戎，用兵不戢，而乃财政优游，兵力绰绰，以抗将混一欧土之拿破仑，障百川而东之，为全欧之保障，岂不异哉！运何财力而能致是？此又论政化学之最难疑问也。

昧昧我思，窃以英之能创立民权、宪法之美，汽机、物质之学，及一切政治之美者，皆岛国绝海为之也。欧洲民智之颖出、国土之分峙，既赖地中海、波罗的海之港汊分歧，山岭错杂，险阻可恃，故竞智斗力，混并为难。罗马未北，沙立曼不东，盖全欧实未有混一之者也。及千年以来，封建百裂，殆几散为千数百国。虽其先佛兰克之立法不善致然，而地势实有以致之。侯国既多，国小力薄，无一若吾国之万里泱泱者。于是积孕而生市府之国，若意之斐尼士、佛罗炼士，德之汉堡等纷纷出现矣。是时方当黑暗之世，人皆不学，非有闻于希腊之风而慕之，乃积演自然之势而成之也。然则民权之产，乃欧洲海港汊丫、立国纷多之所致，非英能自产之。惟英能保守延长之，而成立宪议院之法耳。

夫同列欧土，同出条顿，何以英独能保守延长其民权，而产生宪法、议院，而他国不能者，何哉？则岛陆之势异故也。

且同列欧土，同出条顿，同有民智，何以物质、汽机、哲理之学皆先产于英，学校亦先开于英，而他国不能者，何哉？则亦岛陆之势故也。

今且不论欧土他国，先以条顿正种之日耳曼论之。普之强其国也，非布烈大王纯以专制治其民而世济其法，故至今德人之服从性甚至，而奥、法可勿论也。盖大陆诸国角立，岁役兵车，不日不月，无时不争。讲兵事者不专制，则威令不行而战功不立，故兵争之国政制尚严。商君以刻酷治秦民，而秦遂以强并六国，盖严则易使易奉令也。且方多外争，必无暇于内讧，必当上下辑睦，势也。若使听民权之自由，则岂能率之以日事战争也？故大陆诸国，迫于生存竞争而致然也。惟英远在海外，与大陆不接壤，陆国大治，非兵舰不能以一矢加遗。英之君民从容酣嬉，苟非好事者登大陆而竞争，则几可闭关卧守。故英政压制不深，而英民生存稍易。外争既寡，内讧自兴，而又小国寡民，人数百万，则君不甚尊，民不甚贱，旁观市府民政之激刺于耳目，于是与君争自有之权利。此自然之势，非英民有何特别之质也。进步、保守之议院，岛国从容自治。故约翰、显理之宪章，为市府自保之余波也；楂理士舌士之见杀逐，无外兵之入，而事内讧之发生也。咽活、显理、以利沙白之先兴学，倍根、陆克、边沁、弥儿、奈端、华忒之先出，无外兵之犯，而君民得以从容文事、治器、兴艺、变法改良也。

（选自康有为,《列国游记》, 上海人民出版社, 1995 年, 第 184 ~ 188 页）

6.《拟设翻译书院议》(节选)

马建忠

夫译之为事难矣。译之将奈何？其平日冥心钩考，必先将所译者与所以译者两国之文字，深嗜笃好，字栉句比，以考彼此文字孳生之源，同异之故。所有相当之实义，委屈推究，务审其音声之高下，析其字句之繁简，尽其文体之变态，及其义理精深奥折之所由然。夫如是，则一书到手，经营反复，确知其意旨之所在，而又摹写其神情，仿佛其语气，然后心悟神解，振笔而书，译成之文适如其所译而止，而曾无毫发出入于其间，夫而后能使阅者所得之益与观原文无异，是则为善译也已。

今之译者，大抵于外国之语言或稍涉其藩篱，而其文字之微词奥旨，与夫各国之所谓古文词者，率茫然而未识其名称，或仅通外国文字言语，而汉文则粗陋鄙俚，未窥门径。使之从事译书，阅者展卷未终，俗恶之气，触人欲呕。又或转请西人之稍通华语者，为之口述，而旁听者乃为仿佛摹写其词中所欲达之意，其未能达者，则又参以已意而武断其间。盖通洋文者，不达汉文，通汉文者，又不达洋文，亦何怪夫所译之书，皆驳杂迂讹，为天下识者所鄙夷而讪笑也！

夫中国于应译之书既未全译，所译一二种又皆驳杂迂讹，而欲求一精通洋语洋文，兼善华文，而造其堂奥，足当译书之任者，横览中西，同心盖寡，则译书之不容少缓，而译书之才之不得不及时造就也，不待言矣。

余生也晚，外患方兴，内讧洊至，东南沦陷，考试无由，于汉文之外，乃肆意于拉丁文字，上及希腊并英、法语言。盖拉丁乃欧洲语言文字之祖，不知拉丁文字，犹汉文之昧于小学而字义未能尽通，故英、法通儒，日课拉丁古文词，转译为本国之文者此也。少长，又复旁涉万国史事、舆图、政教、历算、度数，与夫水、光、声、电以及昆虫、草木、金石之学。如是者五六年，进读彼所谓性理、格致之书，又一二年，而后于彼国一切书籍，庶几贯穿融洽，怡然理顺，涣然冰释，遂与汉文无异。前者郭侍郎出使，随往英、法，暇时因举曩所习者，在法国考院与考其文字格致两科而幸获焉；又进与考律师之选，政治之选，出使之选，亦皆获焉。曾拟将诸国政教之源流，律例之同异，以及教养之道，制用之经，古今沿革之凡，货财敛散之故，译为一书，而为事拘牵，志未得遂。近复为世诟忌，摈斥家居，幸有暇日，得以重理旧业。今也倭氛不靖，而外御无策，盖无人不追悔于海禁初开之后，士大夫中能有一二人深知外洋之情实，而早为之变计者，当不至有今日也。

余也蒿目时艰，窃谓中国急宜创设翻译书院。爰不惜笔墨，既缕陈译书之难易得失于左，复将书院条目，与书院课程，胪陈于右。倘士大夫有志世道者，见而心许，采择而行之，则中国幸甚！

（选自郑振铎编，《晚清文选》，西苑出版社，2003 年，第 389 ~ 390 页）

思考题

1. 中国对待两次“西学东渐”有怎样的不同态度？

思考指引：从两次“西学东渐”发生的历史时期、中国遭遇的历史事件出发进行思考。反思彼时中国从最高统治者到官员、百姓对自己国家形象、民族文化的认识和定位。

2. 欧洲地理大开发与郑和下西洋有哪些不同点？

思考指引：可以从欧洲地理大开发与郑和下西洋的航海目的、航海性质、商业活动、后世影响等多个方面进行比较。

3. 《几何原本》与《九章算术》反映了中西文化中的哪些差异？

思考指引：可以从中西数学代表作的不同点出发，进一步探讨中西科技思维等方面的差异。

4. 如何理解从“师夷长技以制夷”的洋务运动到“变法图强”的戊戌变法的变化？

思考指引：这一时期的“西学”更多成为中国有志之士实现救亡图存目标的工具。从对器具的引进到对封建政体的质疑，是自我救亡道路上在一次次打击中不断自省的结果。

推荐书目

1. 谭树林，《传教士与中西文化交流》，生活·读书·新知三联书店，2013 年。

2. 顾长声，《传教士与近代中国》，上海人民出版社，2013 年。

3. 尚智丛，《传教士与西方东渐》，山西教育出版社，2012 年。

4. [美]邓恩，《从利玛窦到汤若望：晚明的耶稣会传教士》，余三乐、石蓉译，上海古籍出版社，2003 年。

5. [德]阿梅龙，《真实与建构：中国近代史及科技史新探》，孙青译，社会科学文献出版社，2019 年。

6. 熊月之，《西学东渐与晚清社会》，中国人民大学出版社，2011 年。

7. 陈平原，《左图右史与西学东渐》，生活·读书·新知三联书店，2018 年。

8. 黄兴涛，《重塑中华》，北京师范大学出版社，2017 年。

第三章
20 世纪上半期中西文化的碰撞

理论关键词

1. 启蒙运动

启蒙运动是发生在 17—18 世纪欧洲的一场反封建、反教会的思想文化运动，是继文艺复兴运动之后欧洲近代第二次思想解放运动。运动以法国为中心，核心思想是“理性崇拜”，用理性之光驱散愚昧的黑暗。启蒙运动积极地批判了专制主义、宗教愚昧和特权主义，宣传了自由、民主和平等的思想，为欧洲资产阶级革命做了思想上和理论上的准备。

启蒙运动所宣传的天赋人权、三权分立、自由、平等、民主和法制的思想，对 19 世纪以后的亚洲国家有很大影响，鼓励了近代中国的一批仁人志士为改造社会而斗争。19 世纪末 20 世纪初，有一批中国学者开始翻译欧洲启蒙思想家的名著，介绍他们的思想，对中国思想界、学术界的发展起到重要推动作用。戊戌变法受启蒙运动的影响，提出了君主立宪制。变法失败后，严复翻译了《天演论》（T. H. 赫胥黎著）、《法意》（孟德斯鸠著）、《原富》（亚当·斯密著）、《群学肄言》（H. 斯宾塞著），以及《群己权界论》和《穆勒名学》（约翰·穆勒著）等多部著作。辛亥革命胜利后，《中华民国临时约法》规定政府的组织形式实行“三权分立”原则，体现出民主主义精神，显然也受到了启蒙运动的影响。

2. 清末新政

清末新政，又称庚子新政，是清朝末年发生的一场政治和经济体制改革运动。1900 年，“庚子事变”爆发，八国联军入侵北京，慈禧太后下令和谈，最后清政府被迫签订了丧权辱国的《辛丑条约》。此举对中国打击甚大，朝廷中的保守派主动提出进行变法。于是，1901 年，在慈禧太后的默许下，清政府进行改革，史称“清末新政”。

清廷实行“新政”后，力图在军事、官制、法律、商业、教育和社会方面进行一系列系统性改革。清末新政结束了科举制度，开办新式学堂。1902 年，清廷颁布《钦定学堂章程》，详细规定了各级各类学堂的目标、性质、年限、入学条件、课程设置以及相互衔接关系。1904 年 1 月，又颁布了《奏定学堂章程》，详细规定了各级学堂章程及管理体制，并以法令形式在全国推行。这是中国近代第一个以教育法令形式公布，并在全国实行的学制，对初等、中等、高等教育的课程设置、教育行政以及学校管理做出了明确的规定，对中国近代教育产生了重大影响。

3. 废除科举

科举是中国古代通过考试选拔官吏的制度。1901 年，科举考试改八股为策论，还没有被完全废除，再加上科举为功名利禄之所在，文人士子们趋之若鹜，新式学校一时难以发展。基于此，1905 年 9 月 2 日，袁世凯、张之洞等人奏请立停科举，以便推广学堂，推广实学。清廷准其所奏，并下令从 1906 年开始，所有乡试、会试一律停止，各省岁科考试也停止。至此，中国历史上延续了 1300 年的科举制度被最终废除，科举取士与学校教育实现了彻底的分离。5 天后，上海《时报》发文，盛赞废除科举是“革千年沉痼之积弊，新四海臣民之视听”。随后，美国传教士林乐知在《万国公报》上发表评论，认为：“停废科举一事，直取汉唐以后腐败全国之根株……其影响之大，于将来中国前途当有可惊可骇之奇效。”美国社会学家吉尔伯特·罗兹曼在其《中国的现代化》一书中也赞叹说：“科举制度的废除，代表着中国已与过去一刀两断，其意义大致相当于 1861 年沙俄废奴和 1868 年明治维新后不久的废藩。”

1905 年以后，全国各地纷纷设立新学堂。新学堂引进新的教育理念，吸收西方教育的优点，增设了许多新的学科。新学堂的知识分子接受启蒙思想，崇尚科学与民主，学习科学与技术。中国近代教育有了较大的发展。

4. 辛亥革命

辛亥革命是由孙中山领导的、推翻清朝封建统治的资产阶级民主革命。1911 年（农历辛亥年）10 月 10 日湖北武昌起义爆发后，形成了全国规模的革命运动，最终推翻了清王朝的专制统治，结束了中国两千多年的封建君主专制制度。1912 年 1 月 1 日中华民国临时政府在南京成立。但由于资产阶级的妥协退让，革命果实被北洋军阀袁世凯篡夺。

革命虽然最终未能改变旧中国的社会性质和人民的悲惨境遇，但带来的思想解放不可低估。辛亥革命废除了封建帝制，传播了民主思想，也提高了人们的民主觉悟。

辛亥革命同时也沉重地打击了帝国主义的侵略势力，对近代亚洲各国被压迫民族的解放运动产生了比较广泛的影响，特别是对越南、印度尼西亚等国的反殖民主义斗争起到了推动作用，是亚洲历史上一次伟大的转折。

5. 新文化运动

1915 年，陈独秀在他主编的《新青年》上刊载了文章，提倡“民主”与“科学”（旧称“德先生”与“赛先生”），并以此批判君主专制制度和封建伦理道德，正式拉开了新文化运动的序幕。

这场运动之所以被称为“新文化运动”，主要有两个方面的原因：一方面是因为这场运动是由陈独秀、胡适、李大钊等一些受过西方新式教育的激进知识分子发起的，另一方面则是因为它传播的是当时西方较为先进的文化和制度，是一场“反传统、反孔教、反文言”的思想文化革新和文学革命运动。在这场运动中，最能够体现其“新”之所在的，就是运动的基本内容——“四个提倡、四个反对”，具体来说，就是提倡民主，反对专制；提倡科学，反对迷信；提倡新道德，反对旧道德；提倡新文学，反对旧文学。

新文化运动是中国近代史上一次空前的思想解放运动。它高举民主与科学的旗帜，对封建专制制度和封建思想文化进行了一次猛烈的清扫，促进了中国人民特别是知识青年的觉醒，为马克思主义在中国的传播创造了条件。

6.《新青年》

《新青年》是20世纪20年代中国一份颇具影响力的杂志。1915年9月15日在上海创刊，原名《青年杂志》，第二卷起改称《新青年》。《新青年》在哲学、文学、教育、法律、伦理等领域向封建意识形态发起了猛烈的攻击，在五四运动期间起到重要作用。

《新青年》的创刊是新文化运动兴起的标志。陈独秀所撰写的发刊词《敬告青年》是该刊的纲领性文章，也被视为是新文化运动的宣言书。文章开明宗义地指出“人权说”“生物进化论”“社会主义”这三件事是近代文明的特征，要实现这三件事，其关键在于新一代青年的自身觉悟和观念更新。文章勉励青年崇尚自由、进步、科学，要有世界眼光。文章还总结了近代欧洲强盛的原因，认为人权和科学是推动社会历史前进的两个车轮。

《新青年》不仅是旧中国时代最早的一份思想启蒙刊物，同时也是中国最早介绍社会主义和共产主义思想的刊物。受到1917年俄国十月革命的影响，《新青年》也开始宣传马克思主义以及马克思主义哲学。李大钊曾在刊物上发表《庶民的胜利》《布尔什维克的胜利》等文章，传播马克思主义思想。可以说，《新青年》在五四时期代表了先进文化的前进方向，对中国文化的现代转型有着深远的影响。

7. 文学革命

1917 年，新文学先驱们举起了“文学革命”的大旗，提倡白话文，反对文言文。《新青年》从 1918 年 1 月出版的第四卷第一号起改用白话文，采用新式标点符号，刊登了一些新诗，这对革命思想的传播和文学创作的发展起到了非常重要的作用。在《新青年》的影响下，一些进步刊物也开始改用白话文，这又带动了其他使用文言文的报纸开辟白话文写作的副刊，随后，短评、通讯、社论也都开始采用白话文和新式标点。这一系列的白话文改革，使全国报刊的面貌为之一新。

在文学方面，胡适最早提出要进行文学改良，他于 1917 年 1 月发表《文学改良刍议》一文，指出每一个时代应该有每一个时代的文学，今日的中国也应该创造属于这个时代的文学，因此，他严厉批判旧文学及其文学技巧，希望代之以新文学，并具体指出新文学应该做到言之有物、不模仿古人、讲求文法、不做无病呻吟、不用陈词滥调、不用典故、不讲求对仗、不避俗字俗语。同年 2 月，陈独秀发表《文学革命论》，号召进行文学革命，他提出：推倒雕琢的、阿谀的贵族文学，建设平易的、抒情的国民文学；推倒陈腐的、铺张的古典文学，建设新鲜的、立诚的写实文学；推倒迂晦的、艰涩的山林文学，建设明了的、通俗的社会文学。新文学使用白话文，文体相对自由，不仅通俗易懂，而且也更方便注入新内容和新思想。1918 年 5 月，鲁迅发表第一篇白话小说《狂人日记》，树立了将文学革命的形式与内容相结合的典范，开辟了中国新文学的道路。

案例分析

1. 中国电影《辛亥革命》

自鸦片战争以来，内忧外患下的中国满目疮痍，救亡图存成了当时有志之士的理想，他们掀起了一次又一次的反帝反封建的“浪潮”，谱写了救亡图存、民族抗争的中国近代历史篇章。

影片《辛亥革命》就讲述了在中华民族存亡之际，面对维新变法运动的失败，以孙中山为核心的革命派如何以革命推翻清政府，建立共和体制这一重要的历史过程。影片紧紧抓住了历史现象背后的社会矛盾，即封建帝制与人民大众的矛盾、帝国主义侵略势力与中华民族的矛盾，并将双重矛盾纠葛隐含在历史事件的叙述中，使历史评说与客观事件紧紧联系在一起。影片中，无论是秋瑾的从容就义，林觉民、喻培伦的慷慨赴死，还是无数普通革命军人战场上的牺牲，都是为了一个理想，那就是改变中国积弱贫穷、被外强欺压的局面。

影片一方面表现革命党人熊秉坤、吴兆麟、蒋翊武、张振武在突发事件之后果断、机智地打响武昌起义第一枪的战斗场景，另一方面则通过旧军协统黎元洪拒任湖北军政府都督一职和被胁迫在炮台上指挥革命军还击两个场景的对比，刻画出黎元洪进退维谷的尴尬境遇和优柔寡断的个性，突出了历史的必然趋势与偶然事件、家国兴亡与个人命运之间的内在联系。

2. 中国电影《我的 1919》

1919 年的中国，经历了新文化运动的洗礼，民主思想已经深入青年人的心中。早在 1915 年，文化界、思想界的知识分子和青年人得知袁世凯接受了日本提出的丧权辱国的“二十一条”，均认为是奇耻大辱。各地爱国团体纷纷集会，拒不承认“二十一条”，誓雪国耻。青年学生尤为悲愤，有的愤而自杀，有的断指写血书，有的要求入伍，请缨杀敌。全国教育联合会决定，各学校每年以 5 月 9 日为“国耻纪念日”。《时报》也刊载了反对“二十一条”的血书：“五月九日，永记勿忘。”

让爱国人士，尤其是青年学生们更不能接受也无法容忍的是，4 年之后，作为第一次世界大战战胜国的中国在巴黎和会上继续被列强们以“二十一条”为借口进行侵占。于是，当巴黎和会上外交失败的消息传来时，知识界、文化界的知识分子和青年学生们愤怒了！他们发布了《北京学界全体宣言》，号召同胞们团结起来维护主权。他们打出“誓死力争，还我青岛”“废除二十一条”的口号，通过游行、请愿、焚烧日货等多种形式表达对北洋政府打算签订不平等条约的愤怒，并坚决反对签订这一不平等条约。国内如此，留学国外的莘莘学子更是如此。这些内容在电影《我的 1919》中也有反映。

影片中，北洋政府派出参加巴黎和会的代表顾维钧在会上说：“山东是中国的，不论从经济方面还是战略上，中国不能失去山东。”这掷地有声的发言完全可以代表当时所有中国人的心声。而当他得知西方各国完全无视他的抗议而决定将青岛转交给日本政府时，他发出了愤怒的谴责：“尊敬的主席阁下，尊敬的各位代表，我，我……我很失望：最高委员会无视中国人民的存在，出卖了作为战胜国的中国。我很愤怒，我很愤怒，你们凭什么，凭什么，把中国的山东省，送给日本人。中国人已经做到了仁至义尽了。我想问问：这样一份丧权辱国的合约，谁能接受？所以，我们拒绝签字。请你们记住，请你们记住：中国人永远不会忘记，这沉痛的一天。”而在与顾维钧交好但又有着不同政治见解的中国留学生肖克俭的身上，我们看到了那个时代的爱国青年的满腔热血，他们为了祖国抛头颅、洒热血，甚至牺牲生命也在所不惜。影片中，肖克俭四处奔走为国请命，最后甚至不惜在凡尔赛宫广场自焚以示抗议，这充分体现了中华民族威武不屈的民族精神和蓬勃高涨的爱国热情。

3. 中国电影《黄金时代》

影片向我们展示了萧红这位才华横溢女子，在中国翻天覆地变化的大时代里，像流星那样耀眼而又短促的一生。影片一开始，主人公张迺莹（萧红）为了躲避包办婚姻和去北平求学而离家出走。这种独立人格和争取婚姻自主的意识，毫无疑问是受到了新文化运动的影响。新文化运动提倡男女平等，反对蒙昧主义，从一开始就十分关注女性的社会地位和婚姻状况。随着新文化运动的深入，当时的女性已经对自己的婚姻有了不同于往日的追求：婚姻不再由“父母之命，媒妁之言”决定，结婚的前提应该是两情相悦；离婚也不再是不能接受的事情，相反，婚姻中如果没有了爱情就可以离婚。到了 20 世纪 30 年代，越来越多的青年女性进入大学学习，同时，越来越多的青年女性追求恋爱和婚姻的自主。萧红便是这样一位女性，她在家乡读了中学，但并不打算止步于此，她还想去北平读大学。为了自由地选择，她逃离了家庭，从哈尔滨来到北平，从而展开了她一生的故事。她与汪恩甲、萧军、端木蕻良等人的爱情和婚姻都是她自主选择的结果。

在《黄金时代》中，我们可以看到当时的青年作家们的生活状态，他们讨论如何读书、写作、排演戏剧，以自己手中的笔为武器，表达对当时政治的不满。在他们中间，死亡、动乱、倦意随时都在发生，有的人死去，有的人被捕，有的人逐渐变得平庸或沉默，当然，也有人谋求更大的发展，比如萧红，她辗转漂泊，到过了上海、青岛、武汉、香港等地，遇见了鲁迅、许广平、胡风、丁玲、聂绀弩、骆宾基、端木蕻良等人。每个人在那个时代都有着不同于他人的、自己的社会态度和生活方式。

4. 中国中央电视台纪录片《启蒙》

2009 年，中国中央电视台推出 6 集纪录片《启蒙》，向我们展示了 20 世纪上半叶，思考如何改造积贫积弱的中国，在黑暗世界里几经求索、寻找光明的有志青年们，如何作为一支新生的社会力量登上历史舞台。他们高举“民主与科学”的旗帜，唱响新文化启蒙运动的嘹亮新声，为民众开启了一道希望之门。

第一集《新青年与新文化运动》真实地记录了《新青年》从 1915 年创刊，成为无数青年人探求新知识与真理的舞台，到 1920 年成为重点介绍传播马克思主义学说的阵地的发展轨迹，展示了《新青年》在唤醒国人意识、引领中国现代社会转型中所起到的重要的精神桥梁作用。第二集《蔡元培与北大》重点介绍思想家、教育家蔡元培对中国教育文化的贡献，尤其是他对大学教育体系的创立，对中国近代高等教育的发展产生的重要影响。第三集《文白之争》讲述了胡适推广白话文，并进行文学改良的经过，以及在这一过程中所遇到的困难。第四集《千年孔店》旨在揭开长期以来人们对于五四时期“打倒孔家店”口号存在的片面理解，显示出历史本来的面目。还思想以本真，还历史以原貌。第五集《姐姐妹妹站起来》展示了“五四”新文化运动是如何打破封建礼教的枷锁，破除贞节观念，提倡人权独立和男女平等，震醒沉睡千百年的中国女性意识的。第六集《梦想照进现实》则讲述了辛亥革命之后，面对袁世凯一系列强化独裁统治、投靠帝国主义、出卖国家利益的行为，当时的进步青年如何引进西方思想，宣传马克思主义，唤醒国人的觉悟，为中国革命指明方向的艰辛历程。

5. 戊戌变法

鸦片战争后，中国的民族危机日益严重，封建统治的危机也一步步加深，中国人开始思考要通过何种道路来挽救中国的问题。林则徐、魏源等主张“向西方学习”，发出了“师夷长技以制夷”的呼声，成为学习西方的先声。洋务派将“向西方学习”的思想付诸行动。在“中学为体，西学为用”的思想指导下，洋务运动主要学习西方先进的科学技术，希望以此达到“自强”“求富”的目的，开启了中国近代化的进程。但是甲午战争的惨败却表明靠洋务运动并不能救中国。

经历了甲午战争的失败，早期维新派认为中国真正要学习的是西方先进的政治制度，并针对一些具体问题提出了改革方案。但他们只进行一些理论上的宣传，很少从事实际的政治活动，有很大的局限性。康有为打着“托古改制”的旗号，将西方资本主义政治学说与中国传统的儒家思想相结合来宣传变法，在当时极具震撼力，为维新变法奠定了理论基础。梁启超将维新思想的影响进一步扩大，在当时的一些爱国知识分子和开明官僚中产生了较大反响，大大增强了维新变法的声望。严复则通过发表文章和翻译西方著作，无情抨击了封建顽固思想，提出了“鼓民力”“开民智”“新民德”的维新主张。他对西学的介绍和宣传为酝酿中的戊戌变法提供了强有力的思想武器。

虽然这次变法借鉴西方的经验，提出了改革政治、教育制度，发展农、工、商业等合理的革新主张，但由于资产阶级维新派具有软弱性和妥协性，缺乏反帝反封建的勇气，只采取改良的办法，且对封建统治者和西方各国心存幻想，远离民众，因而得不到人民群众的支持，最终变法以失败而告终。

文本阅读

1.《本志罪案之答辩书》

陈独秀

本志经过三年，发行已满三十册；所说的都是极平常的话，社会上却大惊小怪，八面非难，那旧人物是不用说了，就是哓哓叫的青年学生，也把《新青年》看作一种邪说怪物，离经叛道的异端，非圣无法的叛逆。本志同人，实在是惭愧得很；对于吾国革新的希望，不禁抱了无限悲观。

社会上非难本志的人，约分两种：一是爱护本志的，一是反对本志的。这第一种人对于本志的主张，原有几分赞成；惟看见本志上偶然指斥那世界公认的废物，便不必细说理由，措词又未装出绅士的腔调，恐怕本志因此在社会上减了信用。系这种反对，本志同人，是应该感谢他们的好意。

这第二种人对于本志的主张，是根本上立在反对的地位了。他们所非难本志的，无非是破坏孔教，破坏礼法，破坏国粹，破坏贞节，破坏旧伦理（忠孝节），破坏旧艺术（中国戏），破坏旧宗教（鬼神），破坏旧文学，破坏旧政治（特权人治），这几条罪案。

这几条罪案，本社同人当然直认不讳。但是追本溯源，本志同人本来无罪，只因为拥护那德莫克拉西（Democracy）和赛因斯（Science）两位先生，才犯了这几条滔天的大罪。要拥护那德先生，便不得不反对孔教、礼法、贞节、旧伦理、旧政治。要拥护那赛先生，便不得不反对旧艺术、旧宗教。要拥护德先生又要拥护赛先生，便不得不反对国粹和旧文学。大家平心细想，本志除了拥护德、赛两先生之外，还有别项罪案没有呢？若是没有，请你们不用专门非难本志，要有气力有胆量来反对德、赛两先生，才算是好汉，才算是根本的办法。

社会上最反对的，是钱玄同先生废汉文的主张。钱先生是中国文字音韵学的专家，岂不知道语言文字自然进化的道理？（我以为只有这一个理由可以反对钱先生。）他只因为自古以来汉文的书籍，几乎每本每叶每行，都带着反对德、赛两先生的臭味；又碰着许多老少汉学大家，开口一个国粹，闭口一个古说，不啻声明汉学是德、赛两先生天造地设的对头；他愤极了才发出这种激切的议论。像钱先生这种用石条压驼背的医法，本志同人多半是不大赞成的。但是社会上有一班人，因此怒骂他，讥笑他，却不肯发表意见和他辩驳，这又是什么道理呢？难道你们能断定汉文是永远没有废去的日子吗？

西洋人因为拥护德、赛两先生，闹了多少事，流了多少血，德、赛两先生才渐渐从黑暗中把他们救出，引到光明世界。我们现在认定只有这两位先生，可以救治中国政治上、道德上、学术上、思想上一切的黑暗。若因为拥护这两位先生，一切政府的迫压，社会的攻击笑骂，就是断头流血，都不推辞。

此时正是我们中国用德先生的意思废了君主第八年的开始，所以我要写出本志得罪社会的原由，布告天下。

[选自陈独秀,《陈独秀著作选》(第一卷)，上海人民出版社，1993年，第442~443页，本文原载于1919年1月15日《新青年》第六卷第一号]

2.《孔子之道与现代生活》

陈独秀

甲午之役，兵破国削，朝野惟外国之坚甲利兵是羡，独康门诸贤，洞察积弱之原，为贵古贱今之政制学风所致，以时务知新主义，号召国中。尊古守旧者，觉不与其旧式思想、旧式生活状态相容，遂群起哗然非之，詈为离经畔道，名教罪人。湖南叶德辉所著《翼教丛篇》，当时反康派言论之代表也。吾辈后生小子，愤不能平，恒于广座为康先生辨护，乡里瞀儒，以此指吾辈为康党，为孔教罪人，侧目而远之。

戊戌庚子之际，社会之视康党为异端，为匪徒也（其时张勋等心目中之康有为，必较今日之唐绍仪尤为仇恶也），与辛亥前之视革命党相等。张之洞之《劝学篇》，即为康党而发也。张氏亦只知歆羡坚甲利兵之一人，而于西洋文明大原之自由平等民权诸说，反复申驳，谓持此说者为“自堕污泥”（《劝学篇》中语），意在指斥康、梁，而以息邪说正人心之韩愈、孟轲自命也。未开化时代之人物之思想，今日思之，抑何可笑，一至于斯！

不图当日所谓离经畔道之名教罪人康有为，今亦变而与夫未开化时代之人物之思想同一臭味。其或自以为韩愈、孟轲，他人读其文章，竟可杂诸《翼教丛篇》《劝学篇》中，而莫辨真伪。康先生欲为韩愈、孟轲乎？然此荣誉当让诸当代卫道功臣叶德辉先生。叶先生见道甚早，今犹日夜太息痛恨邪说之兴，兴于康有为，而莫可息；人心之坏，坏于康有为，而莫可正；居恒欲手刃其人，以为叛道离经者戒。康先生闻之，能勿汗流浃背沾衣耶？

或谓“叶康皆圣人之徒，能予人以自新，康既悔过自首，叶必嘉其今是而赦其昨非”。此说然否，吾无所容心焉。盖康先生今日应否悔过尊从孔教问题，乃其个人信仰之自由，吾人可置之不论不议之列。吾人所欲议论者，乃律以现代生活状态，孔子之道，是否尚有尊从之价值是也。

自古圣哲之立说，宗教属出世法，其根本教义，不易随世间差别相而变迁，故其支配人心也较久。其他世法诸宗，则不得不以社会组织、生活状态之变迁为兴废。一种学说，可产生一种社会；一种社会，亦产生一种学说。影响复杂，随时变迁。其变迁愈复杂而期间愈速者，其进化之程度乃愈高。其欲独尊一说，以为空间上人人必由之道，时间上万代不易之宗，此于理论上决为必不可能之妄想，而事实上惟于较长期间不进化之社会见之耳。若夫文明进化之社会，其学说之兴废，恒时时视其社会之生活状态为变迁。故欧美今日之人心，不但不为其古代圣人亚里斯多德所拘囚，且并不为其近代圣人康德所支配。以其生活状态有异于前也。

即以不进化之社会言之，其间亦不无微变。例如吾辈不满于康先生，而康先生曾亦不满于张之洞与李鸿章，而张之洞、李鸿章亦曾不满于清廷反对铁路与海军之诸顽固也。宇宙间精神物质，无时不在变迁即进化之途，道德彝伦，又焉能外？“顺之者昌，逆之者亡”，史例具在，不可谓诬。此亦可以阿斯特瓦尔特之说证之：一种学说，一种生活状态，用之既久，其精力低行至于水平，非举其机械改善而更新之，未有不失其效力也。此“道与世更”之原理，非稽之古今中外而莫能破者乎？

试更以演绎之法，推论孔子之道，实证其适用于现代与否，其断论可得而知之矣。康先生前致总统总理书，以孔教与婆、佛、耶、回并论，且主张以“孔子为大教，编入宪法”，是明明以孔教为宗教之教，而欲尊为国教矣。今观其与教育范总长书（见《国是报》），乃曰："孔子之经，与佛耶之经有异：佛经皆出世清净之谈，耶经只尊天养魂之说，其于人道举动云为，人伦日用，家国天下，多不涉及，故学校之不读经无损也。若孔子之经，则于人身之举动云为，人伦日用，家国天下，无不纤悉周匝，故读其经者，则于人伦日用，举动云为，家国天下，皆有德有礼，可持可循；故孔子之教，乃为人之道。故曰：'道不远人。人之为道而远人，不可以为道。'若不读经，则于人之一身，举动云为，人伦日用，家国天下，皆不知所持循。"是又明明不以孔教为出世养魂之宗教，而谓为人伦日用之世法矣。

余以康先生此说诚得儒教之真，不似前之宗教说厚诬孔子也。惟是依道与世更之原理，世法道德必随社会之变迁为兴废，反不若出世远人之宗教，不随人事变迁之较垂久远。（康先生与范书，极称西洋尊教诵经之盛，不知正以其为出世远人之宗教则尔也，今亦已稍稍杀矣。）康先生意在尊孔以为日用人伦之道，必较宗教之迂远，足以动国人之信心，而不知效果将适得其反。盖孔教不适现代日用生活之缺点，因此完全暴露，较以孔教为宗教者尤为失败也。

现代生活，以经济为之命脉，而个人独立主义，乃为经济学生产之大则，其影响遂及于伦理学。故现代伦理学上之个人人格独立，与经济学上之个人财产独立，互相证明，其说遂至不可摇动；而社会风纪，物质文明，因此大进。中土儒者，以纲常立教。为人子为人妻者，既失个人独立之人格，复无个人独立之财产。父兄畜其子弟（父兄养成年之子弟，伤为父兄者之财产也小，伤为子弟者之独立人格及经济能力也大。儒教慈孝悌并称，当然终身相养而不以为怪异），子弟养其父兄（人类相爱互助之谊，何独忍情于父兄？况养亲报恩，乃情理之常。惟以伦理见解，不论父兄之善恶，子弟之贫富，一概强以孝养之义务不可也）。《坊记》曰："父母在，不敢有其身，不敢私其财。"此甚非个人独立之道也。康先生与范书，引"鳏寡孤独有所养""我不欲人之加诸我也，吾亦欲无加诸人"等语，谓为个人独立之义，孔子早已有之。此言真如梦呓！夫不欲人我相加，虽为群己间平等自由之精义，然有孝悌之说以相消，则自由平等只用之社会，而不能行之于家庭。人格之个人独立既不完全，财产之个人独立更不相涉。鳏寡孤独有所养之说，适与个人独立之义相违。西洋个人独立主义，乃兼伦理经济二者而言，尤以经济上个人独立主义为之根本也。

现代立宪国家，无论君主共和，皆有政党。其投身政党生活者，莫不发挥个人独立信仰之精神，各行其是，子不必同于父，妻不必同于夫。律以儒家教孝教从之义，——父死三年，尚不改其道；妇人从父与夫，并从其子。——岂能自择其党，以为左右袒耶？

妇人参政运动，亦现代文明妇人生活之一端。律以孔教，“妇人者，伏于人者也”“内言不出于阃”“女不言外”之义，妇人参政，岂非奇谈？西人孀居生活，或以笃念旧好，或尚独身清洁之生涯，无所谓守节也。妇人再醮，决不为社会所轻。（美国今大总统威尔逊之夫人，即再醮者。夫妇学行，皆为国人所称）中国礼教，有“夫死不嫁”（见“郊特牲”）之义。男子之事二主，女子之事二夫，遂共目为失节，为奇辱。礼又于寡妇夜哭有戒（见《坊记》）。友寡妇之子有戒（见《坊记》及《曲礼》）。国人遂以家庭名誉之故，强制其子媳孀居。不自由之名节，至凄惨之生涯，年年岁岁，使许多年富有为之妇女，身体精神俱呈异态者，乃孔子礼教之赐也！

今日文明社会，男女交际，率以为常。论者犹以为女性温和，有以制男性粗暴，而为公私宴聚所必需。即素不相知之男女，一经主人介绍，接席并午，不以为非。孔子之道则曰“男女不杂座”；曰“嫂叔不通问”；曰“已嫁而反，兄弟弗与同席而坐，弗与同器而食”；曰“男女非有行媒，不相知名；非受币，不交不亲”（均见《曲礼》）；曰“女子出门，必拥蔽其面”；曰“七年（即七岁）男女不同席，不共食”（均见《内则》）；曰“男女无媒不交，无币不相见”；曰“礼非祭，男女不交爵”（均见《坊记》）。是等礼法，非独与西洋社会生活状态绝殊，又焉能行于今日之中国？

西洋妇女独立自营之生活，自律师医生以至店员女工，无不有之。而孔子之道则曰：“男女授受不亲”（见《坊记》）；“男不言内，女不言外，非祭，非丧，不相授器”（见《内则》）；“妇人，从人者也”。是盖以夫为妇纲，为妇者当然被养于夫，不必有独立生活也。

妇于夫之父母，素不相知，只有情而无义。西洋亲之与子，多不同居；其媳更无孝养翁姑之义务。而孔子之道则曰：“戒之敬之，夙夜毋违命。”（见《士昏礼》）“妇顺者，顺于舅姑。”（见《昏义》）“妇事舅姑，如事父母”“父母舅姑之命，勿逆勿怠”“子甚宜其妻，父母不悦，出”（古人夫妻情好甚笃，若不悦于其亲而出之，致遗终身之憾者甚多，例如陆游即是也）“凡妇，不命适私室，不敢退；妇将有事，大小必请于舅姑”（均见《内则》）。此恶姑虐媳之悲剧所以不绝于中国之社会也！

西俗于成年之子，不甚责善，一任诸国法与社会之制裁。而孔子之道则曰：“父母怒不悦，而挞之流血，不敢疾怨，起敬起孝。”此中国所以有“父要子死，不得不死；君要臣亡，不得不亡”之谚也。

西洋丧葬之仪甚简，略类中国墨子之道。儒家主张厚葬，丧礼之繁，尤害时废业，不可为训。例如“寝苫枕块，非丧事不言”之礼，试问今之尊孔诸公居丧时，除以“苫块昏迷”妄语欺人外，曾有一实行者乎？

以上所举孔子之道。吾愿尊孔诸公叩之良心：自身能否遵行；征之事实能否行之社会，即能行之，是否增进社会福利国家实力，而免于野蛮黑暗之讥评耶？吾人为现代尚推求理性之文明人类，非古代盲从传说之野蛮人类，乌可以耳代脑，徒以几时震惊孔夫子之大名，遂真以为万世师表，而莫可议其非也！

孔子生长封建时代，所提倡之道德，封建时代之道德也；所垂示之礼教，即生活状态，封建时代之礼教，封建时代之生活状态也；所主张之政治，封建时代之政治也。封建时代之道德、礼教、生活、政治，所心营目注，其范围不越少数君主贵族之权利与名誉，于多数国民之幸福无与焉。何以明之？儒家之言：社会道德与生活，莫大于礼；古代政治，莫重于刑。而《曲礼》曰：“礼不下庶人，刑不上大夫。”此非孔子之道及封建时代精神之铁证也耶？

康先生所谓孔子之经，于人身之举动云为，人伦日用，家国天下，无不纤悉周匝，吾知其纤悉周匝者，即在数千年前宗法时代封建时代，亦只行于公卿士大夫之人伦日用，而不行之于庶人，更何能行于数千年后之今日共和时代国家时代乎？立国于今日民政民权发张之世界，而惟注意于少数贵族之举动云为，人伦日用，可乎不可？稍有知识之尊孔诸公，其下一良心之判断！康先生与范书曰：“中国人，上者或博极群书，下者或手执一业，要其所以心造自得，以为持身涉世修己治人之道，盖无不从少年读《论》《孟》来也。”斯言也，吾大承认之。惟正以社会上下之人，均自少至老，莫不受孔教之陶熔，乃所以有今日之现象。今欲一仍其旧乎？抑或欲改进以求适现代之争存乎？稍有知识之尊孔诸公，其下一良心之判断！

康先生与范书曰：“夫同此中国人，昔年风俗人心，何以不坏？今者，风俗人心，何以大坏？盖由尊孔与不尊孔故也。”是直瞽说而已！吾国民德之不隆，乃以比较欧美而言。若以古代风俗人心，善于今日，则妄言也。风俗人心之坏，莫大于淫杀。此二者古今皆不免，而古甚于今。黄巢、张献忠之惨杀，今未闻也。有稍与近似者，亦惟反对新党赞成帝制孔教之汤芗铭、龙济光、张勋、倪嗣冲而已。古之宫庭秽乱，史不绝书。防范之策，至用腐刑。此等惨无人道之事，今日尚有之乎？古之防范妇人，乃至出必蔽面，入不共食；今之朝夕晤对者，未必即乱。古之显人，往往声妓自随，清季公卿，尚公然蓄嬖男宠，今皆无之。溺女蛮风，今亦渐息。此非人心风俗较厚于古乎？

共和思想流入以来，民德尤为大进。黄花冈七十二士，同日为国就义，扶老助弱，举止从容。至今思之，令人垂泪！中国前史，有此美谈乎？袁氏称帝，冯、段诸公，竟不以私交废公义；唐、蔡、岑、陆，均功成不居。此事在欧美、日本为寻常，而为中国古代军人所罕有。国民党人，苦战余生，以尊重约法之故，首先主张癸丑年与为政敌之黎元洪继任为天下倡。此非共和范为民德之效耶？

浅人所目为今日风俗人心之最坏者，莫过于臣不忠，子不孝，男不尊经，女不守节。然是等谓之不尊孔则可，谓之为风俗人心之大坏，盖未知道德之为物，与真理殊，其必以社会组织生活状态为变迁，非所谓一成而万世不易者也。吾愿世之尊孔者勿盲目耳食，随声附和，试揩尔目，用尔脑，细察孔子之道果为何物，现代生活果作何态，诉诸良心，下一是非善恶、进化或退化之明白判断，勿依违，勿调和——依违调和为真理发见之最大障碍！

［选自陈独秀，《陈独秀著作选》（第一卷），上海人民出版社，1993年，第230~237页，本文原载于1916年12月1日《新青年》第二卷第四号］

3.《文学改良刍议》

胡适

今之谈文学改良者众矣，记者末学不文，何足以言此？然年来颇于此事再四研思，辅以友朋辩论，其结果所得，颇不无讨论之价值。因综括所怀见解，列为八事，分别言之，以与当世之留意文学改良者一研究之。

吾以为今日而言文学改良，须从八事入手。八事者何？

一曰，须言之有物。

二曰，不摹仿古人。

三曰，须讲求文法。

四曰，不作无病之呻吟。

五曰，务去滥调套语。

六曰，不用典。

七曰，不讲对仗。

八曰，不避俗字俗语。

一曰须言之有物

吾国近世文学之大病，在于言之无物。今人徒知“言之无文，行之不远”；而不知言之无物，又何用文为乎？吾所谓“物”，非古人所谓“文以载道”之说也。吾所谓“物”，约有二事：

（一）情感

《诗序》曰：“情动于中而形诸言。言之不足，故嗟叹之。嗟叹之不足，故咏歌之。咏歌之不足，不知手之舞之，足之蹈之也。”此吾所谓情感也。情感者，文学之灵魂。文学而无情感，如人之无魂，木偶而已，行尸走肉而已。（今人所谓“美感”者，亦情感之一也。）

（二）思想

吾所谓“思想”，盖兼见地、识力、理想，三者而言之。思想不必皆赖文学而传，而文学以有思想而益贵。思想亦以有文学的价值而益贵也。此庄周之文，渊明、老杜之诗，稼轩之词，施耐庵之小说，所以敻绝于古也。思想之在文学，犹脑筋之在人身。人不能思想，则虽面目姣好，虽能笑啼感觉，亦何足取哉？文学亦犹是耳。

文学无此二物，便如无灵魂无脑筋之美人，虽有秾丽富厚之外观，抑亦末矣。近世文人沾沾于声调字句之间，既无高远之思想，又无真挚之情感，文学之衰微，此其大因矣。此文胜之害，所谓言之无物者是也。欲救此弊，宜以质救之。质者何？情与思二者而已。

二曰不摹仿古人

文学者，随时代而变迁者也。一时代有一时代之文学：周、秦有周、秦之文学，汉、魏有汉、魏之文学，唐、宋、元、明有唐、宋、元、明之文学。此非吾一人之私言，乃文明进化之公理也。即以文论，有《尚书》之文，有先秦诸子之文，有司马迁、班固之文，有韩、柳、欧、苏之文，有语录之文，有施耐庵、曹雪芹之文，此文之进化也。试更以韵文言之。《击壤》之歌，《五子》之歌，一时期也；《三百篇》之诗，一时期也；屈原、荀卿之骚赋，又一时期也；苏、李以下，至于魏、晋，又一时期也；江左之诗流为排比，至唐而律诗大成，此又一时期也；老杜、香山之“写实”体诸诗（如杜之《石壕吏》《羌村》，白之《新乐府》），又一时期也；诗至唐而极盛，自此以后，词曲代兴。唐、五代及宋初之小令，此词之一时代也；苏、柳（永）、辛、姜之词，又一时代也；至于元之杂剧传奇，则又一时代矣；凡此诸时代，各因时势风会而变，各有其特长。吾辈以历史进化之眼光观之，决不可谓古人之文学皆胜于今人也。左氏、史公之文奇矣，然施耐庵之《水浒传》视《左传》《史记》何多让焉？《三都》《两京》之赋富矣。然以视唐诗宋词，则糟粕耳。此可见文学因时进化，不能自止。唐人不当作商周之诗，宋人不当作相如、子云之赋，——即令作之，亦必不工。逆天背时，违进化之迹，故不能工也。

既明文学进化之理，然后可言吾所谓“不摹仿古人”之说。今日之中国，当造今日之文学，不必摹仿唐、宋，亦不必摹仿周、秦也。前见“国会开幕词”，有云：“于铄国会，遵晦时休”。此在今日而欲为三代以上之文之一证也。更观今之“文学大家”，文则下规姚曾，上师韩欧，更上则取法秦、汉、魏、晋，以为六朝以下无文学可言，此皆百步与五十步之别而已，而皆为文学下乘。即令神似古人，亦不过为博物院中添几许“逼真赝鼎”而已，文学云乎哉！昨见陈伯严先生一诗云：

“涛园抄杜句，半岁秃千毫。所得都成泪，相过问奏刀。万灵噤不下，此老仰弥高。胸腹回滋味，徐看薄命骚。”

此大足代表今日“第一流诗人”摹仿古人之心理也。其病根所在，在于以“半岁秃千毫”之工夫作古人的钞胥奴婢，故有“此老仰弥高”之叹。若能洒脱此种奴性，不作古人的诗，而惟作我自己的诗，则决不致如此失败矣。

吾每谓今日之文学，其足与世界“第一流”文学比较而无愧色者，独有白话小说（我佛山人、南亭亭长、洪都百炼生三人而已）一项。此无他故，以此种小说皆不事摹仿古人（三人皆得力于《儒林外史》《水浒》《石头记》。然非摹仿之作也），而惟实写今日社会之情状，故能成真正文学。其他学这个，学那个之诗古文家，皆无文学之价值也。今之有志文学者，宜知所从事矣。

三曰须讲求文法

今之作文作诗者，每不讲求文法之结构。其例至繁，不便举之，尤以作骈文律诗者为尤甚。夫不讲文法，是谓“不通”。此理至明，无待详论。

四曰不作无病之呻吟

此殊未易言也。今之少年往往作悲观，其取别号则曰“寒灰”“无生”“死灰”。其作为诗文，则对落日而思暮年，对秋风而思零落，春来则惟恐其速去，花发又惟惧其早谢；此亡国之哀音也。老年人为之犹不可，况少年乎？其流弊所至，遂养成一种暮气，不思奋发有为，服劳报国，但知发牢骚之音，感喟之文；作者将以促其寿年，读者将亦短其志气；此吾所谓无病之呻吟也。国之多患，吾岂不知之？然病国危时，岂痛哭流涕所能收效乎？吾惟愿今之文学家作费舒特（Fichte），作玛志尼（Mazzini），而不愿其为贾生、王粲、屈原、谢皋羽也。其不能为贾生、王粲、屈原、谢皋羽，而徒为妇人醇酒丧气失意之诗文者，尤卑卑不足道矣！

五曰务去滥调套语

今之学者，胸中记得几个文学的套语，便称诗人。其所为诗文处处是陈言滥调，“磋跎”“身世”“寥落”“飘零”“虫沙”“寒窗”“斜阳”“芳草”“春闺”“愁魂”“归梦”“鹃啼”“孤影”“雁字”“玉楼”“锦字”“残更”……之类，累累不绝，最可惜厌。其流弊所至，遂令国中生出许多似是而非，貌似而实非之诗文。今试举吾友胡先骕先生一词以证之：

“荧荧夜灯如豆，映幢幢孤影，凌乱无据。翡翠衾寒，鸳鸯瓦冷，禁得秋宵几度？　幺弦漫语，早丁字帘前，繁霜飞舞。袅袅余音，片时犹绕柱。”

此词骤观之，觉字字句句皆词也。其实仅一大堆陈套语耳。“翡翠衾”“鸳鸯瓦”，用之白香山《长恨歌》则可，以其所言乃帝王之衾之瓦也。“丁字帘”“幺弦”，皆套语也。此词在美国所作，其夜灯决不“荧荧如豆”，其居室尤无“柱”可绕也。至于“繁霜飞舞”，则更不成话矣。谁曾见繁霜之“飞舞”耶？

吾所谓务去滥调套语者，别无他法，惟在人人以其耳目所亲见、亲闻、所亲身阅历之事物，一一自己铸词以形容描写之。但求其不失真，但求能达其状物写意之目的，即是工夫。其用滥调套语者，皆懒惰不肯自己铸词状物者也。

六曰不用典

吾所主张八事之中，惟此一条最受友朋攻击，盖以此条最易误会也。吾友江亢虎君来书曰：

“所谓典者，亦有广狭二义。饾饤獭祭，古人早悬为厉禁；若并成语故事而屏之，则非惟文字之品格全失，即文字之作用亦亡。……文字最妙之意味，在用字简而涵意多。此断非用典不为功。不用典不特不可作诗，并不可写信，且不可演说。来函满纸‘旧雨’‘虚怀’‘治头治脚’‘舍本逐末’‘洪水猛兽’‘发聋振聩’‘负弩先驱’‘心悦诚服’‘词坛’‘退避三舍’‘滔天’‘利器’‘铁证’……皆典也。试尽抉而去之，代以俚语俚字，将成何说话？其用字之繁简，犹其细焉。恐一易他词，虽加倍蓰而涵义仍终不能如是恰到好处，奈何？……”

此论极中肯要。今依江君之言，分典为广狭二义，分论之如下：

（一）广义之典非吾所谓典也。广义之典约有五种：

（甲）古人所设譬喻，其取譬之事物，含有普通意义，不以时代而失其效用者，今人亦可用之。如古人言“以子之矛，攻子之盾”。今人虽不读书者，亦知用“自相矛盾”之喻。然不可谓为用典也，上文所举例中之“治头治脚”“洪水猛兽”“发聋振聩”……皆此类也。盖设譬取喻，贵能切当；若能切当，固无古今之别也。若“负弩先驱”“退避三舍”之类，在今日已非通行之事物，在文人相与之间，或可用之，然终以不用为上。如言“退避”，千里亦可，百里亦可，不必定用“三舍”之典也。

（乙）成语。成语者，合字成辞，别为意义。其习见之句，通行已久，不妨用之。然今日若能另铸“成语”，亦无不可也。“利器”“虚怀”“舍本逐末”……皆属此类。非此“典”也，乃日用之字耳。

（丙）引史事。引史事与今所论议之事相比较，不可谓为用典也。如老杜诗云，“未闻殷周衰，中自诛褒妲”，此非用典也。近人诗云，“所以曹孟德，犹以汉相终”，此亦非用典也。

（丁）引古人作比。此亦非用典也。杜诗云，“清新庾开府，俊逸鲍参军”，此乃以古人比今人，非用典也。又云，“伯仲之间见伊吕，指挥若定失萧曹”，此亦非用典也。

（戊）引古人之语。此亦非用典也。吾尝有句云，“我闻古人言，艰难惟一死”。又云，“尝试成功自古无，放翁此语未必是”。此乃引语，非用典也。

以上五种为广义之典，其实非吾所谓典也。若此者可用可不用。

（二）狭义之典，吾所主张不用者也。吾所谓用“典”者，谓文人词客不能自己铸词造句以写眼前之景，胸中之意，故借用或不全切，或全不切之故事陈言以代之，以图含混过去，是谓“用典”。上所述广义之典，除戊条外，皆为取譬比方之辞。但以彼喻此，而非以彼代此也。狭义之用典，则全为以典代言，自己不能直言之，故用典以言之耳。此吾所谓用典与非用典之别也。狭义之典亦有工拙之别，其工者偶一用之，未为不可，其拙者则当痛绝之。

（子）用典之工者。此江君所谓用字简而涵义多者也。客中无书不能多举其例，但杂举一二，以实吾言：

（1）东坡所藏“仇池石”，王晋卿以诗借现，意在于夺。东坡不敢不借，先以诗寄之，有句云，“欲留嗟赵弱，宁许负秦曲。传观慎勿许，间道归应速。”此用蔺相如返璧之典，何其工切也！

（2）东坡又有“章质夫送酒六壶，书至而酒不达。”诗云，“岂意青州六从事，化为乌有一先生”。此虽工已近于纤巧矣。

（3）吾十年前尝有《读〈十字军英雄记〉》一诗云，“岂有酖人羊叔子？焉知微服赵主父？十字军真儿戏耳，独此两人可千古”。以两典包尽全书，当时颇沾沾自喜，其实此种诗，尽可不作也。

（4）江亢虎代华侨诔陈英士文有“未悬太白，先坏长城。世无钼麑，乃戕赵卿”四句，余极喜之。所用赵宣子一典，甚工切也。

（5）王国维咏史诗，有“虎狼在堂室，徒戎复何补？神州遂陆沉，百年委榛莽。寄语桓元子，莫罪王夷甫。”此亦可谓使事之工者矣。

上述诸例，皆以典代言，其妙处，终在不失设譬比方之原意；惟为文体所限，故譬喻变而为称代耳。用典之弊，在于使人失其所欲譬喻之原意。若反客为主，使读者迷于使事用典之繁，而转忘其所为设譬之事物，则为拙矣。古人虽作百韵长诗，其所用典不出一二事而已（《北征》与白香山《悟真寺诗》皆不用一典），今人作长律则非典不能下笔矣。尝见一诗八十四韵，而用典至百余事，宜其不能工也。

（丑）用典之拙者。用典之拙者，大抵皆懒惰之人，不知造词，故以此为躲懒藏拙之计。惟其不能造词，故亦不能用典也。总计拙典亦有数类：

（1）比例泛而不切，可作几种解释，无确定之根据。今取王渔洋《秋柳》一章证之：

“娟娟凉露欲为霜，万缕千条拂玉塘。浦里青荷中妇镜，江干黄竹女儿箱。空怜板渚隋堤水，不见琅琊大道王。若过洛阳风景地，含情重问永丰坊。”

此诗中所用诸典无不可作几样说法者。

（2）僻典使人不解。夫文学所以达意抒情也。若必求人人能读五车书，然后能通其文，则此种文可不作矣。

（3）刻削古典成语，不合文法。“指兄弟以孔怀，称在位以曾是”（章太炎语），是其例也。今人言“为人作嫁”亦不通。

（4）用典而失其原意。如某君写山高与天接之状，而曰“西接杞天倾”是也。

（5）古事之实有所指，不可移用者，今往乱用作普通事实。如古人灞桥折柳，以送行者，本是一种特别土风。阳关渭城亦皆实有所指。今之懒人不能状别离之情，于是虽身在滇越，亦言灞桥；虽不解阳关、渭城为何物，亦皆“阳关三叠”“渭城离歌”。又如张翰因秋风起而思故乡之莼羹鲈脍，今则虽非吴人，不知莼鲈为何味者，亦皆自称有“莼鲈之思”。此则不仅懒不可救，直是自欺欺人耳！

凡此种种，皆文人之不下工夫，一受其毒，便不可救。此吾所以有“不用典”之说也。

七曰不讲对仗

排偶乃人类言语之一种特性，故虽古代文字，如老子、孔子之文，亦间有骈句。如“道可道，非常道；名可名，非常名。无名天地之始，有名万物之母。故常无，欲以观其妙；常有，欲以观其徼。”此三排句也。“食无求饱，居无求安”“贫而无谄，富而无骄”“尔爱其羊，我爱其礼”。此皆排句也。然此皆近于语言之自然，而无牵强刻削之迹；尤未有定其字之多寡，声之平仄，词之虚实者也。至于后世文学末流，言之无物，乃以文胜；文胜之极，而骈文律诗兴焉，而长律兴焉。骈文律诗之中非无佳作，然佳作终鲜。所以然者何？岂不以其束缚人之自由过甚之故耶？（长律之中，上下古今，无一首佳作可言也。）今日而言文学改良，当“先立乎其大者”，不当枉废有用之精力于微细纤巧之末，此吾所以有废骈废律之说也。即不能废此两者，亦但当视为文学未技而已，非讲求之急务也。

今人犹有鄙夷白话小说为文学小道者。不知施耐庵、曹雪芹、吴趼人皆文学正宗，而骈文律诗乃真小道耳。吾知必有闻此言而却走者矣。

八曰不避俗字俗语

吾惟以施耐庵、曹雪芹、吴趼人为文学正宗，故有"不避俗字俗语"之论也（参看上文第二条下）。盖吾国言文之背驰久矣。自佛书之输入，译者以文言不足以达意，故以浅近之文译之，其体已近白话。其后佛氏讲义语录尤多用白话为之者，是为语录体之原始。及宋人讲学以白话为语录，此体遂成讲学正体（明人因之）。当是时，白话已久入韵文，观唐、宋人白话之诗词可见也。及至元时，中国北部已在异族之下，三百余年矣（辽、金、元）。此三百年中，中国乃发生一种通俗行远之文学。文则有《水浒》《西游》《三国》之类，戏曲则尤不可胜计（关汉卿诸人，人各著剧数十种之多。吾国文人著作之富，未有过于此时者也）。以今世眼光观之，则中国文学当以元代为最盛；可传世不朽之作，当以元代为最多，此可无疑也。当是时，中国之文学最近言文合一，白话几成文学的语言矣。使此趋势不受阻遏，则中国几有一“活文学出现”，而但丁、路得之伟业［欧洲中古时，各国皆有俚语，而以拉丁文为文言，凡著作书籍皆用之，如吾国之以文言著书也。其后意大利有但丁（Dante）诸文豪，始以其国俚语著作。诸国踵兴，国语亦代起。路得（Luther）创新教始以德文译《旧约》《新约》，遂开德文学之先。英、法诸国亦复如是。今世通用之英文《新旧约》乃1611年译本，距今才三百年耳。故今日欧洲诸国之文学，在当日皆为俚语。迨诸文豪兴，始以“活文学”代拉丁之死文学；有活文学而后有言文合一之国语也］，几发生于神州。不意此趋势骤为明代所阻，政府既以八股取士，而当时文人如何、李七子之徒，又争以复古为高，于是此千年难遇言文合一之机会，遂中道夭折矣。然以今世历史进化的眼光观之，则白话文学之为中国文学之正宗，又为将来文学必用之利器，可断言也（此“断言”乃自作者言之，赞成此说者今日未必甚多也）。以此之故，吾主张今日作文作诗，宜采用俗语俗字。与其用三千年前之死字（如“于铄国会，遵晦时休”之类），不如用二十世纪之活字；与其作不能行远不能普及之秦、汉、六朝文字，不如作家喻户晓之《水浒》《西游》文字也。

结论

上述八事，乃吾年来研思此一大问题之结果。远在异国，既无读书之暇晷，又不得就国中先生长者质疑问难，其所主张容有矫枉过正之处。然此八事皆文学上根本问题，一一有研究之价值。故草成此论，以为海内外留心此问题者作一草案。谓之刍议，犹云未定草也。伏惟国人同志有以匡纠是正之。

［选自胡适，《胡适全集》（第 1 卷），安徽教育出版社，2003 年，第 4 ~ 15 页，本文原载于 1917 年 1 月 1 日《新青年》第二卷第五号］

4.《“中日密约”与巴黎和会中国外交》，唐启华，《历史研究》2019 年第 5 期

（正文略）

思考题

1. 戊戌变法为什么会失败？

思考指引：可以结合当时中国所面临的内忧外患、维新派所提出各种变法内容的实质，以及他们的变法措施等多方面因素来进行分析。

2. 袁世凯为什么能够复辟帝制？

思考指引：结合历史与影片《辛亥革命》，反思辛亥革命失败的原因。

3. 新文化运动带给我们什么样的启示？

思考指引：结合新文化运动的利弊得失，结合蔡元培、陈寅恪等人的观点，思考如何能够在中西文化交流的基础上重新拥抱我们自身的文化传统。

4. 全球化时代，我们如何定位自己的民族文化？

思考指引：结合我国历史上曾经出现过的“盲目排外”“中体西用”“全盘西化”这三种面对外来文化的态度，思考在全球化时代，我们应该如何正确面对外来文化，如何更鲜明、更自觉地呈现自身文化的价值和特质。

推荐书目

1. 唐启华，《巴黎和会与中国外交》，社会科学文献出版社，2014 年。

2. 行龙等，《近代中国的民族觉醒》，清华大学出版社，2002 年。

3. 金冲及，《20 世纪中国史纲》（第一卷），社会科学文献出版社，2009 年。

4. 陈独秀、李大钊、瞿秋白等，《新青年》，中国书店，2011 年。

第四章 中国思想的现代追寻

理论关键词

1. 现代性

现代性（modernity），指“being modern”，意即“成为现代”，它的词义来自 modern，基本的语义是“新异性”（newness）[①]。当我们在表达“现代”时，几乎都必然包含了“现在这样”“与过去不同”等意味。在今天的口语中，它还有“摩登”（词语的音译）、“时尚”等含义。[②]倘若要真正厘清“现代性”的内涵，它指的是基于观察者的视角，首先辨识出了某种“新异”，进而将其定性并最终视其为“现代性”，同时，自然而然地将与其相对的状况视作“前现代性”。那么，现代性就是一个相对的概念，它与古典性互为注脚。

黑格尔起初把现代当作一个历史概念加以使用，即把现代概念作为一个时代概念。在黑格尔看来，“新的时代”（neue Zeit）就是“现代”（moderne Zeit）。[③]基于不同的内涵，学者为现代化历史开端事件赋予了不同的意义。例如，文艺复兴（14 世纪，人文主义的复苏）、大航海时代（15 世纪，世界史的来临）、宗教改革（16 世纪，罗马公教体系的瓦解）、

---

① [英]雷蒙·威廉斯，《关键词：文化与社会的词汇》，刘建基译，生活·读书·新知三联书店，2005 年，第 354 页。

② 章可，《超越历史分期概念：汉语“现代”概念的创出》，《史学理论研究》2015 年第 3 期。

③ 哈贝马斯，《现代性的哲学话语》，曹卫东译，译林出版社，2011 年，第 5 页。

英国革命（17 世纪，资产阶级民主革命）、工业革命（18 世纪，生产方式变革）、第一次世界大战（20 世纪初，对工具理性主义的全面反思）、十月革命（20 世纪初，社会主义革命）、第二次世界大战（20 世纪 40 年代，民族国家政治格局与全球化）、东欧剧变（20 世纪 90 年代，新的世界政治格局和历史终结论），等等。

2. 现代化

现代化（modernization），也被表述为“现代转型”，其字面的直接含义是“成为现代的”。现代化的词义与现代性密切相关，同时也有差异。前者有明显的某种状况的未达意味，后者则是某种状况的已达状态。

18 世纪之后，欧洲的现代化逐渐形成了两条不同的向度：民主化与工业化，也由此生成了两套主要的现代化理论。马克思把工业革命视为现代的开端。拿破仑用战争强化了民族国家的生活方式，在推动民族国家统一的同时，逐渐造就了民族国家内部高度技术化的管理方式，此即韦伯意义的现代性。20 世纪之后，关于现代化的理论又分为先发国家和后发国家两种形态。在欧美思想界，他们关注的焦点是“个体性”与“社会性”孰为优先。而在东亚，广泛认可的现代性观念是：“在近代资本主义兴起后特定国际关系格局下，经济上落后国家通过大搞技术革命，在经济和技术上赶上世界先进水平的历史过程。”①

需要注意的是，现代化是大约近 10 个世纪以来人类历史普遍的趋向，这是在全球几大主要文明中都发生了的事实。西欧尽管被视为现代化的先驱，但它绝非现代化的唯一形态，也不可能展现出现代化的全部可能。

3. 西化派

西化派，也被称为“自由主义西化派”，是在广义的新文化运动（从《新青年》创刊到科玄论战结束）中形成的一种救亡图存的主张。

---

① 罗荣渠，《现代化新论》，北京大学出版社，1993 年，第 3 页。

顾名思义，西化派认为，要解决中国的问题，就必须在制度、价值乃至生活方式上全部模仿西方，全部向着西方的标准转化。从其衍变的过程来看，他们继承了新文化运动伊始的思想主张，特别是始终高举“自由主义”的旗帜。但是，随着新文化运动从思想界扩散到全社会，从思想主张转变为社会运动、社会革命，西化派的问题逐渐暴露了出来。从其思想内核来看，他们主张的“自由主义”存在着内在的纠结，一方面是个体权利的自由，一方面是由个体权利衍生的民族国家主权自由。然而如果没有国家主权独立，个体的自由是不可能的。从实践层面来看，西化派既脱离了中国的现实环境，又脱离了中国的历史文化传统。西化派代表人物是胡适。

4. 现代新儒家

现代新儒家是在“科玄论战”之后形成的学术群体。现代新儒家区别于原始儒家、汉唐儒家、新儒家（宋明理学）而得名，是传统儒学在现代性问题视域下自我转化、自我更新和自我发展的形态。此学派继承了新文化运动的核心主张，但强调应采用儒学的资源对现代性诸价值进行改造，从而让其能够契合中国传统、中国文化。

现代新儒家通常被称为“文化本位派”或“文化保守主义”，但此种看法是存在问题的。现代新儒家首先是“现代”的，然后才是“儒家”的。其旗帜性的主张是“内圣开出新外王”，也就是寻求民主和科学这两大现代价值在中国传统中的历史根据。因此，应当将他们与“国粹派”“复古派”等反现代性主张严格区分开来。从此后的历史发展来看，现代新儒家对中国传统文化有深入的了解，但其构想并不适应时代的需要。①

现代新儒家群体大致可以分为三代，代表人物包括第一代的梁漱溟、熊十力、马一浮、冯友兰、张君劢等，第二代的牟宗三、徐复观、唐君毅、方东美等，第三代的杜维明、刘述先、成中英、余英时等。

① 杨虎，《论中国现代性诉求的儒学表达》，《中南大学学报（社会科学版）》2018 年第 6 期。

5. 四部之学与七科之学

四部之学有两种解释。一种指的是孔门四科，即德行、言语、政事、文学；一种指的是经、史、子、集的学术分类系统。这两种主张都有漫长的思想传统，对中国文化产生了深远的影响。晚清的学制改革主要是对后者的打破。

四部之学的雏形产生于西汉的《七略》，到唐代编撰《隋书·经籍志》之时最终成型。四部之学的基本精神是，以经部为核心，以史部为羽翼，这是上一等；以子部为补充，这是次一等；以集部为赘余，这是末一等。自成型之日起，它就被视为“天经地义”的存在，塑造了长达两千年的中国人的传统世界观和价值观。这是前现代生活方式的集中表现。

近代中国建构起来之新知识系统，可简称为“七科之学”。所谓“七科”，是指作为大学分科设置的文、理、法、医、农、工、商七科；所谓“学”，非指狭义之“学科”，而是指按照学科标准以文、理、法、医、农、工、商七科为骨干建构起来之知识系统。这套知识系统中之各“科”，又包含有众多相关学科门类。这是现代中国大学分科系统的前身和雏形。

不同于传统四部之学“博通”的要求，七科之学的主张是“专门”，也就是专家之学。这种分类方式基于现代的世界观。随着新学制的推广，现代性价值逐渐被新一代学生接受，在事实上为新文化运动奠定了教育基础和思想基础。

6. 民国思想家的三种思考范式

面对各种各样的社会问题，民国思想家们形成了三种不同的思考范式，大致来说，可分为以西律中、以中律西、中西兼容。

所谓“以西律中”即是“全盘西化”，代表人物是胡适。这种观点认为，西方的现代化样态即现代化的标准模板，中国应当按照欧美的样态来改造自己的文化。这种观点某种程度上来说一方面是历史事实，现代中国的部分生活方式、国家组织形态、经济生产方式、学术分科体系等，都是在学习西方的过程中建立起来的。但另一方面，也从未出现过绝对的、纯粹的、完全的西化，国人总是在自己的现实需求引领下探索自己的现代化道路。

所谓“以中律西”即“全盘中化”，代表人物有辜鸿铭、马一浮等。全盘中化可以分为两类：一类是国粹派或严格意义上的文化本位派，也就是完全拒绝任何外来的思想。这是一种民族主义情绪的反映。另一类是用中国文化统筹和消化西方文化，“六艺统摄西学”说即是如此。但这种“统摄”具有多大的现实意义，是值得反思的。

案例分析

1. 胡适的全盘西化论

胡适是全盘西化论的代表性人物。这种观点是新文化运动伊始思潮的延续，同时也是走向极端化的立场。特别是胡适把美国视为现代化的样板，无疑是对现代性单一化的理解。胡适的观点中包含了民族自卑论，也会导致民族虚无主义。他在《介绍我自己的思想》一文中表示：“我很不客气的指摘我们的东方文明，很热烈的颂扬西洋的近代文明。人们常说东方文明是精神的文明，西方文明是物质的文明，或唯物的文明，这是有夸大狂的妄人捏造出来的谣言，用来遮掩我们的羞脸。……我们必须承认我们自己百事不如人，不但物质机械不如人，不但政治制度不如人，并且道德不如人，知识不如人，文学不如人，音乐不如人，身体不如人……不要怕丧失我们自己的民族文化。”①

从积极的角度来看，胡适的主张具有一定的反对愚昧、反对封建专制的进步作用。但无论从思想上还是实践上，胡适全盘西化论都存在着较为明显的问题，总体是不可取的。

① 胡适，《介绍我自己的思想》，载《胡适文选》，中国长安出版社，2014 年，第 14 页。

2. 层累的古史说

“层累的古史说”是古史辨派对中国古史的观点，其主要的提出者是现代著名历史学家顾颉刚先生，主要内容包括三个论点：第一个论点，时代越后，传说的古史期就越长。例如，周代谈大禹，孔子上溯到尧舜，战国上溯到黄帝神农，汉代以后有了盘古开天辟地的传说。这是“层累的古史”假说的核心论点。顾颉刚认为：“古史是层累地造成的，发生的次序和排列的系统恰是一个反背。”[①]由此引申出了第二个论点，时代越往后，传说中的中心人物就越放越大。第三个论点，即使不能知道某一件事的真确状况，但可知道某一件事在传说中最早的状况。

古史辨是近代西方科学主义历史学传入中国之后的代表性学派，尤其是秉承了兰克史学的精神，同时也奠定了现代中国历史学的基础。但从社会影响的角度来看，也几乎摧毁了中国传统价值的载体、推翻了传统的道德楷模、颠覆了传统的英雄形象。鲁迅先生在自己的《小说新编》中，对古史辨派进行了讽刺。但古史辨派的积极意义在于传播了科学的信念，特别是塑造了讲求实证的现代学术精神。总之，要把作为社会思潮的“疑古”和作为学术研究的“古史辨”区分来看待。

3. 六艺统摄西学

“六艺统摄西学”是马一浮先生“六艺统摄一切”思想的组成部分。1938 年，马一浮在江西泰和讲学，系统地陈述了此思想。“六艺”即儒家的六经，《易》《诗》《书》《礼》《乐》《春秋》。马一浮认为，中国传统中的诸子之学和四部之学，都可以由六艺统摄。不仅如此，“六艺不唯统摄中土一切学术，亦可统摄现在西来一切学术。举其大概言之，如自然科学可统于《易》，社会科学（或人文科学）可统于《春秋》”[②]。

中国传统易学分为两个主要的流派，一个是象数派，一个是义理派。

---

① 顾颉刚，《古史辨自序》，张岱年主编，《回读百年 20 世纪中国社会人文论争》第二卷，河南教育出版社，2009 年，第 113 页。

② 马一浮，《马一浮全集》（第一册 上），浙江古籍出版社，2012 年，第 17-18 页。

象数派主要是靠占卜，义理派则是用周易的道理来解释宏观的社会历史现象。马一浮认为，数学、物理这些理科，就是象数派的支流。易学分为两截，叫作“形而上者谓之道，形而下者谓之器”，那么，西学中的理科对应的是“道”；器是道的落实和运用，对应西学中的工科。同理，西方的社会科学研究的不外乎人类社会发展的规律，而这些内容在《春秋》中早已揭示。其余论点还包括现代的文学属于《诗》，现代的艺术属于《乐》，现代的政治属于《书》，现代的法律属于《礼》。此思想的宗旨是“今日欲弘六艺之道，并不是狭义的保存国粹，单独的发挥自己民族精神而止，是要使此种文化普遍的及于全人类，革新全人类习气上之流失，而复其本然之善，全其性善之真”[①]。

抗日战争时期，马一浮的观点确实有提振士气、鼓舞民心的作用，但与此同时，此说总体的论证较为单薄，难以自洽。他论述了表面上的相似性，却没有分析中学与西学内在的同或不同。当然，它也不失为理解全球化的一种视角。

4.“清末怪杰”辜鸿铭

辜鸿铭（1857—1928），名汤生，字鸿铭，号立诚。辜鸿铭的母亲是欧洲人，用西方文化对其进行启蒙。辜鸿铭 10 岁时去欧洲，在那里生活了 14 年，接受了地道的西式教育，精通英、法、德、拉丁、希腊等多门外语，获 13 个博士学位。他学贯中西，号称“清末怪杰”。

辜鸿铭的“怪”在于逆主流思潮而动。在“向西方学习、全盘西化”的潮流中，他却由西学转回中学。他回国之后，才开始读四书五经，却深深服膺传统文化，进而把西方文化贬斥得一钱不值。辜鸿铭翻译了“四书”中的三部——《论语》《中庸》《大学》，向世界传播儒家学说，宣传东方文化，在西方引起极大反响。辜鸿铭不同于国粹派之处在于，他精通西学，对西方了解极深，因而，他的反西学是有理有据的学术行为，而非单纯的民族情绪。

① 马一浮，《马一浮全集》（第一册 上），浙江古籍出版社，2012 年，第 19 页。

5. 冯友兰的《人生哲学》

《人生哲学》是冯友兰在其博士论文的基础上修订而成的文章，也是他学术生涯的起点。在面对中国文化与全球化的大问题时，《人生哲学》提供了一个独特的视角（东西平等）、一种独特的方法（损益）、一种独特的哲学观（人生问题）。

冯友兰首先认为，哲学就是解决生活中的问题的学问。这就打破了所谓中、西的界限，把哲学放在了一个共通的平台上。差异性很大的思想，在共同问题统领下，就变成了平等的东西。

大致来说，“人生哲学”分为三种。第一种认为，现实人生有种种苦恼，而过去则无，人生就应当向后看，这是“损”的方法，代表人物有柏拉图、叔本华等；第二种认为，现实人生固然有种种苦恼，但比过去已然好了太多，人生就应当向前看，这是“益”的方法，代表人物有杨朱、墨子、培根、笛卡尔等；第三种认为，现在世界，即是最好，现在活动，即是快乐，人生不需要“损”也不需要“益”，这是中间派，代表人物有先秦儒家思想家、亚里士多德、宋明理学家、黑格尔等。区分的方式就是“损益”。换言之，面对人生问题，我们有三种态度，一是向前看（益）的方法；一是向后看（损）的方法；一是原地不动（中间）的方法。

《人生哲学》的价值在于阐述了中国文化同任何文化一样，都是人类共同的思想资源，应当并且能够为解决现实的问题献计献策。从更为根本的意义上提升了文化本身的价值，也进一步推动了中西文化的交流，而不是对抗。

6. 牟宗三的“良知坎陷”说

牟宗三是 20 世纪最重要的中国哲学家之一，“良知坎陷”说则是其哲学的标志性命题。“良知坎陷”说基于一个判断和一个认知。判断是对现实困境的判断。困境的最大体现就是 20 世纪前半叶的两次世界大战。很多学者都认为，这是西方文化无法化解的难题。认知是对科学和民主的认同。这是民国思想家也是现代社会的共识。所以从一开始，牟宗三思考的就不是单纯的中国问题，而是全人类的问题。

牟宗三承认一个基本的“二分”。第一个是认知主体，也就是我们运用知识、技能改造世界的能力；第二个是道德主体，也就是过一种道德的生活的能力。这两个都很重要。在他看来，真正的问题是，中国文化本身是有道德的传统的，却并未产生现代必需的民主和科学。中学讲道德没问题，西学讲科学很擅长。各有所长，就必须结合起来。这就需要“良知坎陷”。

坎陷（Self-negation）。汉语出自《周易·说卦》。“坎”在《易经》中表示“水”。在中国文化看来，水的属性是向下流动的，常常处于地势较低的位置，这就是“陷”。但从另一个角度来看，正是因为处于较低的位置，所以蕴藏了巨大的能量。所以，“陷”是不利中有利、转弱而变强的意思。而英文的表达“Self-negation”，直译过来就是“自我否定”，就是“良知坎陷”的过程。简单说，因为良知本身是道德概念，由良知可以直接开出道德系统。但这个道德心本来是处理人生伦理问题的，又如何兼备认识世界的认知功能？第一步，良知进行自我否定，从道德之心转化为认知之心。相当于把自己下降到一个比较低的层次。这样做是有好处的。好处就是对具体的问题了解更深，设计出的方法更有针对性。第二步，良知再次自我否定，再由认知之心转化为道德之心。但经过了坎陷的锻炼之后，认识问题更有深度了。良知自己得到了提升，能够更好地进行道德指引。

文本阅读

1.《我们对于西洋近代文明的态度》（节选）

胡适

今日最没有根据而又最有毒害的妖言是讥贬西洋文明为唯物的（materialistic），而尊崇东方文明为精神的（spiritual）。这本是很老的见解，在今日却有新兴的气象。从前东方民族受了西洋民族的压迫，往往用这种见解来解嘲，来安慰自己。近几年来，欧洲大战的影响使一部分的西洋人对于近世科学的文化起一种厌倦的反感，所以我们时时听见西洋学者有崇拜东方的精神文明的议论。这种议论，本来只是一时的病态的心理，却正投合了东方民族的夸大狂；东方的旧势力就因此增加了不少的气焰。

我们不愿“开倒车”的少年人，对于这个问题不能没有一种彻底的见解，不能没有一种鲜明的表示。

…………

我们现在要讨论的是（1）什么叫作“唯物的文明”（Materialistic Civilization），（2）西洋现代文明是不是唯物的文明。

崇拜所谓东方精神文明的人说，西洋近代文明偏重物质上和肉体上的享受，而略视心灵上与精神上的要求，所以是唯物的文明。

我们先要指出这种议论含有灵肉冲突的成见，我们认为错误的成见。我们深信，精神的文明必须建筑在物质的基础之上。提高人类物质上的享受，增加人类物质上的便利与安逸，这都是朝着解放人类的能力的方向走，使人们不至于把精力心思全抛在仅仅生存之上，使他们可以有余力去满足他们的精神上的要求。东方的哲人曾说：“衣食足而后知荣辱，仓廪实而后知礼节。”这不是什么舶来的“经济史观”；这是平恕的常识。人世的大悲剧是无数的人们终身做血汗的生活，而不能得着最低限度的人生幸福，不能避免冻与饿。人世的更大悲剧是人类的先知先觉者眼看无数人们的冻饿，不能设法增进他们的幸福，却把“乐天”“安命”“知足”“安贫”种种催眠药给他们吃，叫他们自己欺骗自己，安慰自己。西方古代有一则寓言说，狐狸想吃葡萄，葡萄太高了，他吃不着，只好说“我本不爱吃这酸葡萄！”狐狸吃不着甜葡萄，只好说葡萄是酸的；人们享不着物质上的快乐，只好说物质上的享受是不足羡慕的，而贫贱是可以骄人的。这样自欺自慰成了懒惰的风气，又不足为奇了。于是有狂病的人又进一步，索性回过头去，戕贼身体，断臂，绝食，焚身？以求那幻想的精神的安慰。从自欺自慰以至于自残自杀，人生观变成了人死观，都是从一条路上来的：这条路就是轻蔑人类的基本的欲望。朝这条路上走，逆天而拂性，必至于养成懒惰的社会，多数人不肯努力以求人生基本欲望的满足，也就不肯进一步以求心灵上与精神上的发展了。

西洋近代文明的特色便是充分承认这个物质的享受的重要。西洋近代文明，依我的鄙见看来，是建筑在三个基本观念之上：

第一，人生的目的是求幸福。

第二，所以贫穷是一桩罪恶。

第三，所以衰病是一桩罪恶。

借用一句东方古话，这就是一种"利用厚生"的文明。因为贫穷是一桩罪恶，所以要开发富源，奖励生产，改良制造，扩张商业。因为衰病是一桩罪恶，所以要研究医药，提倡卫生，讲求体育，防止传染的疾病，改善人种的遗传。因为人生的目的是求幸福，所以要经营安适的起居，便利的交通，洁净的城市，优美的艺术，安全的社会，清明的政治。纵观西洋近代的一切工艺，科学，法制，固然其中也不少杀人的利器与侵略掠夺的制度，我们终不能不承认那利用厚生的基本精神。

这个利用厚生的文明，当真忽略了人类心灵上与精神上的要求吗？当真是一种唯物的文明吗？我们可以大胆地宣言：西洋近代文明绝不轻视人类的精神上的要求。我们还可以大胆地进一步说：西洋近代文明能够满足人类心灵上的要求的程度，远非东洋旧文明所能梦见。在这一方面看来，西洋近代文明绝非唯物的，乃是理想主义的（Idealistic），乃是精神的（Spiritual）。

我们先从理智的方面说起。

西洋近代文明的精神方面的第一特色是科学。科学的根本精神在于求真理。人生世间，受环境的逼迫，受习惯的支配，受迷信与成见的拘束。只有真理可以使你自由，使你强有力，使你聪明圣智；只有真理可以使你打破你的环境里的一切束缚，使你勘天，使你缩地，使你天不怕，地不怕，堂堂地做一个人。

求知是人类天生的一种精神上的最大要求。东方的旧文明对于这个要求，不但不想满足他，并且常想裁制他，断绝他。所以东方古圣人劝人要"无知"，要"绝圣弃智"要"断思惟"，要"不识不知，顺帝之则"。

这是畏难，这是懒惰。这种文明，还能自夸可以满足心灵上的要求吗？

东方的懒惰圣人说："吾生也有涯，而知也无涯，以有涯逐无涯，殆已。"所以他们要人静坐澄心，不思不虑，而物来顺应。这是自欺欺人的诳语，这是人类的夸大狂。真理是深藏在事物之中的；你不去寻求探讨，他决不会露面。科学的文明教人训练我们的官能智慧，一点一滴地去寻求真理，一丝一毫不放过，一铢一两地积起来。这是求真理的唯一法门。自然（Nature）是一个最狡猾的妖魔，只有敲打可以逼她吐露真情。不思不虑的懒人只好永远作愚昧的人，永远走不进真理之门。

东方的懒人又说："真理是无穷尽的，人的求知的欲望如何能满足呢？"诚然，真理是发现不完的。但科学决不因此而退缩。科学家明知真理无穷，知识无穷，但他们仍然有他们的满足：进一寸有一寸的愉快，进一尺有一尺的满足。二千多年前，一个希腊哲人思索一个难题，想不出道理来；有一天，他跳进浴盆去洗澡，水涨起来，他忽然明白了，他高兴极了，赤裸裸地跑出门去，在街上乱嚷道，"我寻着了！我寻着了！"（Eureka！Eureka！）这是科学家的满足。Newton，Pasteur 以至于 Edison 时时有这样的愉快。一点一滴都是进步，一步一步都可以踌躇满志。这种心灵上的快乐是东方的懒圣人所梦想不到的。

…………

我们现在可综合评判西洋近代的文明了，这一系的文明建筑在"求人生幸福"的基础之上，确然替人类增进了不少的物质上的享受；然而他也确然很能满足人类的精神上的要求。他在理智的方面，用精密的方法，继续不绝地寻求真理，探索自然界无穷的秘密。他在宗教道德的方面，推翻了迷信的宗教，建立合理的信仰；打倒了神权，建立人化的宗教；抛弃了那不可知的天堂净土，努力建设"人的乐国""人世的天堂"；丢开了那自称的个人灵魂的超拔，尽量用人的新想象力和新智力去推行那充分社会化了的新宗教与新道德，努力谋人类最大多数的最大幸福。

东方的文明的最大特色是知足。西洋的近代文明的最大特色是不知足。

知足的东方人自安于简陋的生活，故不求物质享受的提高；自安于愚昧，自安于“不识不知”，故不注意真理的发现与技艺器械的发明；自安于现成的环境与命运，故不想征服自然，只求乐天安命，不想改革制度，只图安分守己，不想革命，只做顺民。

这样受物质环境的拘束与支配，不能跳出来，不能运用人的心思智力来改造环境改良现状的文明，是懒惰不长进的民族的文明，是真正唯物的文明。这种文明只可以遏抑而决不能满足人类精神上的要求。

西方人大不然。他们说“不知足是神圣的”（Divine Discontent）。物质上的不知足产生了今日钢铁世界，蒸汽机世界，电力世界。理智上的不知足产生了今日的科学世界。社会政治制度上的不知足产生了今日的民权世界，自由政体，男女平权的社会，劳工神圣的喊声，社会主义的运动。神圣的不知足是一切革新一切进化的动力。

这样充分运用人的聪明智慧来寻求真理以解放人的心灵，来制服天行以供人用，来改造物质的环境，来改革社会政治的制度，来谋人类最大多数的最大幸福，——这样的文明应该能满足人类精神上的要求，这样的文明是精神的文明，是真正理想主义的（Idealistic）文明，决不是唯物的文明。

固然，真理是无穷的，物质上的享受是无穷的，新器械的发明是无穷的，社会制度的改善是无穷的。但格一物有一物的愉快，革新一器有一器的满足，改良一种制度有一种制度的满意。今日不能成功的，明日明年可以成功；前人失败的，后人可以继续助成。尽一分力便有一分的满意；无穷的进境上，步步都可以给努力的人充分的愉快。所以大诗人邓内孙（Tennyson）借古英雄 Ulysses 的口气歌唱道：

“朋友们，来罢！
去寻一个更新的世界是不会太晚的。
……
用掉的精力固然不回来了，剩下的还不少呢。
现在虽然不是从前那样掀天动地的身手了，
然而我们毕竟还是我们，
——光阴与命运颓唐了几分壮志！
终止不住那不老的雄心，

去努力，去探寻，去发现，
永不退让，不屈伏。”

［选自胡适，《胡适文集》（第4册），北京大学出版社，1998年，第3～14页］

2.《论西来学术亦统于六艺》

马一浮

六艺不唯统摄中土一切学术，亦可统摄现在西来一切学术。举其大概言之，如自然科学可统于《易》，社会科学（或人文科学）可统于《春秋》。因《易》明天道，凡研究自然界一切自然现象者皆属之；《春秋》明人事，凡研究人类社会一切组织形态者，皆属之。董生言“不明乎《易》，不能明《春秋》”，如今治社会科学者，亦须明自然科学，其理一页。物生而后有象，象而后有滋，滋而后有数，今人以数学、物理为基本科学，是皆《易》之支与流裔，以其言皆源于象数而其用在于制器。《易》传曰：“以制器者尚其象。”凡言象数者，不能外于《易》也。人类历史过程皆由野而进于文，由乱而趋于治，其间盛衰兴废、分合存亡之迹，蕃变错综。欲识其因应之宜、正变之理者，必比类以求之，是即《春秋》之比事也；说明其故，即《春秋》之属辞也。属辞以正名，比事以定分。社会科学之义，亦是以道名分为归。凡言名分者，不能外于《春秋》也。文学、艺术统于《诗》《乐》，政治、法律、经济统于《书》《礼》，此最易知。宗教虽信仰不同，亦统于《礼》，所谓“亡于礼者之礼也”。哲学思想派别虽殊，浅深小大亦皆各有所见，大抵本体论近于《易》，认识论近于《乐》，经验论近于《礼》；唯心者《乐》之遗，唯物者《礼》之失。凡言宇宙观者皆有《易》之意，言人生观者皆有《春秋》之意，但彼皆各有封执而不能观其会通。庄子所谓“各得一察焉以自好”“各为其所欲以自为方”者，由其习使然。若能进之以圣人之道，固皆六艺之材也。道一而已，因有得失，故有同异，同者得之，异者失之。《易》曰：“天下同而殊涂，一致而百虑，天下何思何虑？”睽而知其类，异而知其通，夫何隔碍之行？克实言之，全部人类之心灵，其所表现者不能离乎六艺也；全部人类之生活，其所演变者不能外乎六艺也。故曰："道外无事，事外无道。"因其心智有明有昧，故见之行事有得有失。孟子曰："行矣而不著，习矣而不察，终身由之而不知其道者，众也。"彼虽或得或失，皆在六艺之中，而不自知其为六艺之道。《易》曰："百姓日用而不知。"其此之谓矣。苏子瞻有诗云："不识庐山真面目，只缘身在此山中。"岂不信然哉！

学者当知六艺之教，固是中国至高特殊之文化：唯其可以推行于全人类，放之四海而皆准，所以至高。唯其为现在人类中尚有多数未能了解，"百姓日用而不知"，所以特殊。故今日欲以六艺之道，并不是狭义的保存国粹，单独的发挥自己民族精神而止，是要使此种文化普遍的及于全人类，革新全人类习气上之流失，而复其本然之善，全其性德之真，方是成己成物，尽己之性，尽人之性，方是圣人之盛德大业。若于此信不及，则是于六艺之道犹未能有所入，于此至高、特殊的文化尚未能真正认识也。诸君勿疑此为估价太高，圣人之道，实是如此。世界无尽，众生无尽，圣人之愿力亦无有尽。人类未来之生命方长，历史经过之时间尚短，天地之道只是个"至诚无息"，圣人之道只是个"纯亦不已"，往者过，来者续，本无一息之停。此理决不会中断，人心决定是同然。若使西方有圣人山，行出来的也是这个六艺之道，但是名言不同而已。

诸生当知：六艺之道是前进的，决不是倒退的，切勿误为开倒车；是日新的，决不是腐旧的，切勿误为重保守；是普遍的，是平民的，决不是独裁的，不是贵族的，切勿误为封建思想。要说解放，这才是真正的解放；要说自由，这才是真正的自由；要说平等，这才是真正的平等。西方哲人所说的真、美、善，皆包含于六艺之中，《诗》《书》是至善，《礼》《乐》是至美，《易》《春秋》是至真。《诗》教主仁，《书》教主智，合仁与智，岂不是至善么？《礼》是大序，《乐》是大和，合序与和，岂不是至美么？《易》穷神知化，显天道之常，《春秋》正名拨乱，示人道之正，合正与常，岂不是至真么？诸生若于六艺之道深造有得，真是左右逢源，万物皆备。所谓尽虚空，遍法界，尽未来际，更无有一事一理能出于六艺之外者也。吾敢断言，天地一日不毁，人心一日不灭，则六艺之道炳然常存。世界人类一切文化最后之归宿必归于六艺，而有资格为此文化之领导者，则中国也。今人舍弃自己无上之家珍，而拾人之土苴绪余以为宝，自居于下劣，而奉西洋人为神圣，岂非至愚而可哀？诸生勉之，慎勿安于卑陋，而以经济落后为耻，以能增高国际地位遂以为可矜。须知今日所名为头等国者，在文化上实是疑问，须是进于六艺之教而后始为有道之邦也。不独望吾国人兴起，亦望全人类兴起，相与坐进此道。

勉之！勉之！

（选自马一浮，《泰和宜山会语》，辽宁教育出版社，1998 年，第 16~18 页）

3.《人生哲学·绪论》（节选）

冯友兰

上所说之哲学，其一派谓人为为致不好之源；人方以文明自喜，而不知人生苦恼，正由于此。若依此说，则必废去现在，返于原始。本老子所谓“日损”（《道德经》四十八章），今姑名此派哲学曰损道。其他一派则谓，现在世界，虽有不好，而比之过去，已为远胜；其所以仍有苦恼者，则以吾人尚未十分进步，而文明尚未臻极境也。吾人幸福，全在富有的将来，而不在已死的过去。若依此说，则吾人必力图创造，以人力胜天行，竭力奋斗，庶几将来乐园不在“天城”［City of God，西洋中世纪宗教家圣奥古斯丁（St. Augustine）所作书名］而在“人国”（Kingdom of Man，培根 Novum Organum 中语）。本老子所谓“日益”，今姑名此派哲学曰益道。

此外尚有一派，以为天然人为，本来不相冲突；人为乃所以辅助天然，而非破坏天然；现在世界，即为最好；现在活动，即是快乐。今姑名此派曰中道。

尚有言者，即属于所谓损道诸哲学，虽主损，而其损之程度，则有差别。上述中国道家，老庄之流，以为现在的世界之天然境界即好，所须去掉者只人为的境界而已。此派虽主损而不否认现世。今名此派曰浪漫派。柏拉图以为现在的世界之上，尚有一完美的理想世界。现在世界之事物是相对的；理想世界之概念是绝对的。现在世界可见而不可思；理想世界可思而不可见。今名此派曰理想派。佛教及西洋近代叔本华之哲学，亦以为现在世界之上，尚有一完善完满的世界。但此世界，不但不可见，且亦不可思，所谓不可思议境界。今名此派曰虚无派。属于所谓益道诸哲学，虽皆主益，而其益之程度，亦有差别。如杨朱之流以最大的目前快乐为最好境界；目前舒适，即是当下"乐园"。今名此派曰快乐派。如墨子功利家之流，以为吾人宜牺牲目前快乐而求将来较远最大多数人之安全富足繁荣。今名此派曰功利派。西洋近代哲学家，如培根、笛卡儿等以为吾人如果有充分的知识、权力与进步，则可得一最好境界，于其中可以最少努力而得最多的好；吾人现宜力战天然，以拓"人国"。今名此派曰进步派。至于属于所谓中道诸哲学，则如儒家说天及性，与道家所说道德颇同；但以仁义礼智，亦为人性之自然。亚力士多德继柏拉图之后，亦说概念，但以为概念即在感觉世界之中，此世界诸物之生长变化，即所以实现概念。宋、元、明哲学家，颇受所谓"二氏"之影响，但不于寂灭中求静定，而谓静定即在日用酬酢之中。西洋近代哲学，注重"自我"；于是"我"与"非我"之间，界限太深；黑格尔（Hegel）之哲学，乃说明"我"与"非我"，是一非异；绝对的精神，虽常在创造，而实一无所得。合此十派别而世界哲学史上所已有之人生哲学之重要派别乃备。此但略说，详在下文。

［选自冯友兰，《三松堂全集》（第二卷），河南人民出版社，2001 年，第 41 ~ 52 页］

4."良知坎陷"说

牟宗三

知体明觉之自觉地自我坎陷即是其自觉地从无执转为执。自我坎陷就是执。坎陷者下落而陷于执也。不这样地坎陷，则永无执，亦不能成为知性（认知的主体）。它自觉地要坎陷其自己即是自觉地要这一执。这不是无始无明的执，而是自觉地要执，所以也就是“难得糊涂”的执，因而也就是明的执，是“莫逆于心相视面笑”的执。

这一执就是那知体明觉之停住而自持其自己。所谓“停住”就是从神感神应中而显停滞相、其神感神应原是无任何相的，故知无知相，意无意相，物无物相。但一停住则显停滞相，故是执也。执是停住而自持其自己即是执持其自己。但它并不能真执持其自己；它一执持，即不是它自己，乃是它的明觉之光之凝滞而偏限于一边，因此，乃是它自身之影子，而不是它自己，也就是说，它转成“认知主体”。故认知主体就是它自己之光经由一停滞，而投映过来而成者. 它的明觉之光转成认知的了别活动，即思解活动。

经由这一执所成的认知主体（知性）是一个逻辑的我、形式的我、架构的我，即有“我相”的我，而不是那知体明觉之“真我”（无我相的我），同时它亦不是那由心理学意义的刹那生灭心态串系所虚构成的心理学的假我。它的本质作用是思，故亦曰“思的有”（Thinking being），“思维主体”（Thinking subject），“思维我”（Thinking self）。它由知体明觉之停住而成。它一旦成了，它正恰如其性地而不舍其自性，因而也就自持其自己而为一“思的我”。此时，它的本质作用是思，也就是执的思，它的本质就是“执”，不必再说它是由知体明觉之自觉地要执而成者。此后一语是说它的来历，而前语则是说它本身。知体明觉之自觉地要这一执，这执即转而就是“思的我”之自己，故“思的我”之本质就是执，它以执为其自性。

以执思为自性的“思的我”空无内容，定常而为形式的我，形式的有（Formal self，Formal being）。它之所以为形式的，是因为它的“执的思”不能不是逻辑的；因为是逻辑的，它不能不使用概念（就基本而先在者说，或是逻辑概念，或是存有论的概念），因而亦是一架构的我。架构者因使用概念把它自己撑架起来而成为一客观的形式的我之谓也。这不是说它本身是一个结构或构造（心理学的假我、虚构我，是一个结构或构造，见下），亦不是说它本身的形构作用或组构作用（Formative or

Constitutive function)，但只说它本身是因着使用概念而把自己撑架成一个形式的我。就其为“形式的我”而言，它是纯一的定常的；它是一个常住不变的我（Abiding self）。它是纯一的（one and the same，simple and unique），是因为它只是那明觉之光之停滞，而别无其他，故不是一个结构或构造。它是定常的（Constant），因为它一旦形成，它即常住不变，它是自身同一者：它可被解消．归于无执即被解消；它亦可被形成，有执即形成：但一旦形成，其自身无生灭变化。这一切说法只在明它是一个“形式的有”，决不可把它误认为是那知体明觉之无我相的真我。这一切皆是由那一执而可先验地分析出者。

既有此停住而自持其自己的“形式的我”，则明觉感应中之物即被推去而成为一所思之对象，此对象即是现象义的对象。我与对象之对偶性是由一执而同时形成者、这是认识论的基本的对偶性。

（选自牟宗三，《现象与物自身》，吉林出版集团有限责任公司，2010年，第106～108页）

思考题

1. 为什么我们要重提避免“西化派”心态？

思考指引：时至今日，网络上仍然存在与民国时期的“西化派”主张相似的论调。因此，我们不完全是要思考民国时代的问题，同时也要反思我们自己。

2. 面对西方文化的冲击，民国思想家形成了哪几种应对的方式？

思考指引：在课堂内容和本章的理论关键词中，都提到过相关的问题。重点是，我们要能够区分不同应对方式背后的不同态度、不同价值观以及不同的社会改进方案。当然，更要充分地认识到，最终是中国共产党解决了救亡图存的大问题。所以，还应从党的理论的视角来反观其他各派的应对方式。

3. **如何理解现代化观念？**

思考指引：现代化是一个复杂的理论问题和实践问题，但国人的现代化观念却不复杂，因为它引领了我们的成长，几乎成了我们从小接受的教育的一部分。我们应当能够理解，中国特色社会主义的道路就是我们国家追寻现代化的方案，同时，还应思考，此种方案背后的现代化观念是什么。在此基础上，还需要和当今世界其他文明的现代化观念进行横向与纵向的比较。

推荐书目

1. 汪民安，《现代性》，南京大学出版社，2012 年。
2. 胡适，《胡适文存》，华文出版社，2013 年。
3. 冯友兰，《人生哲学》，河南人民出版社，2001 年。
4. 牟宗三，《现象与物自身》，吉林出版集团有限责任公司，2010 年。
5. 梁漱溟，《东西文化及其哲学》，商务印书馆，1999 年。

第五章
全球化理论的跨文化解释

理论关键词

1. 文　明

文明这一概念的内涵和外延都非常复杂，对此，不同的学术语境会造就不同的理解，粗略整理，大致有以下几类视角：

1）文明是高等级的文化

此类观点认为，虽然世界上有很多不同文化，但是文化之间有着先进与落后的区别，而当“一个文化一旦达到了文字已在很大程度上得到使用，人文科学和自然科学已有某些进步，政治的、社会的和经济的制度已经发展到至少足以解决一个复杂社会的秩序、安全和效能的某些问题这样一个阶段，那么这个文化就应当可以称为文明”①。而与文明相对的，是野蛮与蒙昧。此类观点拥护者众多，可以说是曾经的主流。此论述来源可以追溯到18世纪的启蒙主义。英语“civilization”（文明）起源于拉丁文“civis”（公民），其本质含义为人民生活于城市和社会集团中的能力。法国启蒙主义思想家就认为文明是指一种先进的、有教养的、有秩序、公平合理的人类社会高级发展阶段。美国著名人类学家摩尔根在其著作《古代社会》中也把人类社会的发展划分为蒙昧（savagery）、野蛮（barbarism）和文明（civilization）三个阶段。

---

① [美]爱德华·麦克诺尔·伯恩斯、菲利普·李·拉尔夫，《世界文明史》第一卷，罗经国等译，商务印书馆，1987年，第26页。

2）文明与文化所指不同

有些学者并不赞同文化与文明在发达程度上存在着差别，而是认为两者之间的差异集中在其所指的不同。钱穆在其《中国文化史导论》中明确指出："大体文明文化，皆指人类群体生活而言。惟文明偏在外，属于物质方面。文化偏在内，属于精神方面。"葛兆光总结了埃利亚斯（Norbert Elias）在《文明的进程》中的观点：由于文化与文明的内涵各异，导致其倾向也不同，文明指的是一个过程，是始终在运动前进的；而文化指的是已经存在的传统。"也就是说，文化表现'异'，文明走向'同'。……'文明'表现了一种殖民和扩张的倾向，它象征着一个同一化的趋向，相反，'文化'表现了民族的自我和特色，它在不断抵抗同一的趋向。"①

3）文明是一种实体

法国著名历史学家布罗代尔（Fernand Braudel）将文明等同于社会实体，英国历史学家汤因比（Arnold Joseph Toynbee）将人类社会划分为20多个具有文明发展过程的代表性社会，并认为每个文明都有起源、生长、衰落、解体、灭亡五个阶段。美国政治学家亨廷顿（Samuel P. Huntington）则在其名著《文明的冲突与世界秩序的重建》中，提炼出当代世界的8种文明：西方文明、中华文明、日本文明、印度文明、东正教文明、伊斯兰文明、拉丁美洲文明和非洲文明，认为当代人在文明的作用下组成文化共同体，国际关系的主要行为者不再是一般的民族国家，而是文明的核心国家。处于同一文明体中的国家关系紧密，而不同的文明体之间极有可能相互敌视。他还在书中预言：在21世纪初期，人类将经历非西方权力与文化的复兴，经历非西方文明与西方文明之间的冲突。"9·11"事件之后，亨廷顿的文明冲突论越来越受到关注。

2. 民族国家

民族国家是一个独立的政治实体，是现代性民族自决和自治概念及

① 葛兆光，《思想史研究课堂讲录：视野、角度与方法》，生活·读书·新知三联书店，2005年，第205页。

实践。与 18 及 19 世纪传统帝国或王国不同，民族国家成员效忠的对象是有共同认同感的“同胞”及其共同形成的体制。认同感的来源可以是传统的历史、文化、语言或新创的政治体制，因此，从一个民族构成政府体制，或由数个民族经同一共享的政府体制构成的国族，都是民族国家的可能结合形式。欧洲民族国家的成型，始自 1648 年欧洲各国达成《威斯特伐利亚和约》(The Treaty of Westphalia)，其基础是明确中央控制的、独立的国家（不论是帝国还是民族国家）之间对对方的主权和领土的尊重。这个公约是近现代国际关系的基石。

在理想的民族国家模型中，所有公民仅属于同一民族，所有该民族成员均是这个民族国家的永久居民，该民族没有任何成员居于该国以外。该国没有任何少数民族，没有移民入境和出境，每代人均是该民族的后代。该国不仅是该民族的家乡，而且是该民族的保护地。现实中，没有一个国家能与这个模型完全一样。当代民族国家常为多民族国家。

民族国家的起源和早期历史均有争议，一个重要的理论问题是“先有民族国家，还是先有民族”。民族主义者认为民族首先形成。民族主义是民族要求其合法主权而形成的，而民族国家则符合了这个要求。而以英国人类学家厄内斯特·盖尔纳（Ernest Gellner)、历史学家艾瑞克·霍布斯鲍姆（Eric Hobsbawm）和美国学者本尼迪克特·安德森（Benedict Anderson）等人为典型代表的现代派建构论认为，民族是“发明的传统”，是殖民主义扩张的产物，政府使用这个政策来统一和现代化已经存在的国家。

3. 中　国

“中国”一词最早见于西周初年的青铜器“何尊”铭文中的“余其宅兹中或（国）”。古时“中国”含义不一，大致说来，有以下几种：

① 京师（首都）。《诗·大雅·民劳》:“惠此中国，以绥四方。”毛传:“中国，京师也。”[①]

---

① 夏征农、陈至立主编，《辞海》(第六版彩图本)，上海辞书出版社，2009 年，第 2963 页。

② 指华夏族、汉族地区。《诗·小雅·六月序》:“《小雅》尽废，则四夷交侵，中国微矣。”[①]

③ 中原地区。《三国志·蜀志·诸葛亮传》:“若能以吴、越之众与中国抗衡，不如早与之绝。”[②]

自汉代开始，人们常常把汉人建立的中原王朝称为“中国”。正因如此，当边疆族群入主中原后，便以“中国”自居，如鲜卑人建立的北魏自称“中国”，将南朝称为“岛夷”;而同时汉人建立的南朝虽然迁离了中原，仍以“中国”自居，称北魏为“索虏”。

按照时间发展的脉络梳理，“中国”一词在古代历经五个发展阶段。第一阶段是西周以前，指的是由王所直接控制的地区；第二阶段是西周至春秋、战国时期，增加了区分华夏夷狄之别与文化程度高低的含义；第三阶段是秦汉隋唐等大一统时期，“中国”一词虽然仍有文野之辨、华夷之辨的含义，但主要指的是中原地区及其所建政权；第四阶段是宋元明时期，宋以来，因国内民族关系的进一步变化，“中国”一词区分华夷的含义渐渐淡化，主要指的是文化传统和以中原为主的广大地区，而明代虽然存在反复，但已经主张“华夷一家”;第五阶段是清代到民国，至清代，“中国”一词已经没有了区分华夷的含义，而指的是清朝所属的各民族与各地区。[③]19 世纪中叶以来，“中国”始专指我国全部领土，不作他用。现在“中国”即指“中华人民共和国”。[④]

4. 天　下

著名近代思想家梁启超在《先秦政治思想史》中说:“中国人自有文化以来，始终未尝认国家为人类最高团体。其政治论常以全人类为其对象，故目的在平天下，而国家不过与家族同为组成‘天下’之一阶段。”[⑤]美国著名历史学家列文森（Joseph R. Levenson）也曾提出，近代中国思

① 夏征农、陈至立主编,《辞海》(第六版彩图本),上海辞书出版社，2009 年，第 2963 页。
② 杨建新,《“中国”一词和中国疆域形成再探讨》,《中国边疆史地研究》2006 年第 2 期。
③ 杨建新,《“中国”一词和中国疆域形成再探讨》,《中国边疆史地研究》2006 年第 2 期。
④ 夏征农、陈至立主编,《辞海》(第六版彩图本),上海辞书出版社，2009 年，第 2963 页。
⑤ 梁启超,《先秦政治思想史》,东方出版社，1996 年，第 2 页。

想史在很大程度上就是将“天下”缩变为“国家”的进程。其实“天下”这个词有两层意思，分别对应着现代汉语的“世界”和“中国”。

首先，“天下”包括了古人所知的人类整体，代表着已知的全部文明世界，即“天下一体”。如《诗经·小雅·北山》宣称“溥天之下，莫非王土”。商朝时期，“天下”已经是一个相当完备的概念。商朝人将天下分为“四方”和“中央”两个部分，形成中国人“天下”观的基本要素。早期的世界各民族普遍把自己居住的地方看作整个世界的中心，但是由“自我中心意识”发展为“普天之下”的理念，并由此产生独特的政治文化理念，如“大一统”意识等，则是中国文化所独有的。秦汉之后，大一统的政治体制取代了夏、商、周三代松散的天下“共主”局面，“天下”观逐渐贯彻到政治理念中。经过隋、唐、宋、元、明、清等朝代，中国传统的“天下”观日渐被默认为各个王朝控制下的政治统治秩序。

其次，在古人眼里，“天下”不只是地理概念，更是一个政治概念，中国的古代思想家们早已将如何治理“天下”作为思考对象。比如儒家“协和万邦”“和衷共济”“四海一家”等观念，道家“抱一为天下式”等主张，法家“为天下位天下”等观点，墨家“一同天下之义”等思想，莫不以“治天下”为对象来构建学说，为实现天下“太平”“大同”提供思想支持。中国人称理想的世界是天下“为公”与“大同”。《吕氏春秋》称：“天下非一人之天下也，天下之天下也。阴阳之和，不长一类；甘露时雨，不私一物；万民之主，不阿一人。”“天下为公”的认知，成为中华文化天下观的重要基石。而关于“世界大同”，《礼记·礼运》则称：“大道之行也，天下为公，选贤与能，讲信修睦。故人不独亲其亲，不独子其子，使老有所终，壮有所用，幼有所长，鳏、寡、孤、独、废疾者皆有所养，男有分，女有归。货恶其弃于地也，不必藏于己；力恶其不出于身也，不必为己。是故谋闭而不兴，盗窃乱贼而不作，故外户而不闭，是谓大同。”描绘了人类理想生活与秩序图景。[①]

① 部分内容参考：王杰，《中国文化中的天下观》，中国领导网，http://www.cnleaders.net/20200324/ 9719.html。

5. 世界主义

在西方文化语境中，“世界主义”（Cosmopolitanism）一词源于古希腊语，包括“cosmos”（世界）和“polis”（城邦、人民、市民）两个词，原意是指世界公民，后扩展（引申）为一种哲学理念、政治与社会学说，是一个内涵极为丰富的概念。

世界主义观念是由古希腊斯多葛学派哲学家提出来的，被当代学者们称为古典世界主义。古典世界主义认为：每个人都是世界的公民，而且首先对世界性的人类共同体负有责任，这个观点后来也成为当代世界主义核心观念的重要组成部分。18 世纪启蒙时代世界主义得到了充分发展，“世界公民”成了启蒙运动的一个重要术语，尤其是在康德的政治哲学著作中，许多内容都是关于世界主义思想的。其后，世界主义思想经历了近两个多世纪的沉寂，随着当代全球化所导致的全球层面的经济、政治和文化等社会制度的巨大变革，世界主义又在当代呈现出复兴之势，并渐渐成为国际社会使用频率较高的词语之一，甚至成为审视当下国际社会各种问题的新视角和新方法。

实际上，当代复兴的世界主义并不是一种固定的理论或学说，它被不同人群解读为哲学观念、政治价值、社会理想，或者考察和分析社会问题的视角或方法论，甚至是一种有强烈的现实诉求却缺乏实践基础的政治设想。尽管在内涵和本质上存在着诸多解释，但有一些基本信念是一致的：

世界主义是一种哲学理念、伦理诉求和社会理想。它认为人类都属于同一个道德共同体或普遍共同体，所有人都是其中的平等成员，都享有平等的政治、社会与文化权利以及同等的价值和道德地位，都是道德关怀的终极单位和最根本的价值目标，是普遍意义上的世界公民。从与实践的关联性上讲，世界主义从政治、法律、经济、制度、正义、生活方式、文化偏好等诸多方面涉及社会理想、交往规范与活动，因此产生了基于现实关怀的多种类型的世界主义，如政治世界主义、道德世界主义、制度世界主义、法律世界主义、正义世界主义、文化世界主义等，共同构成了世界主义思想体系。从国际关系理论看，世界主义关注的是国际关系、国际政治中价值目标的确定，伦理立场的选择，研究“应然”“应当”的问题，从而与注重国际关系的现象与现实的理论和实证研究、实证方法区别开来。

6. 马戛尔尼访华

1792 年 9 月 26 日，英国政府委任马戛尔尼（George Macartney）为访华全权特使出访中国，1793 年 7 月，使团抵达天津大沽口，拉开了中国和西方国家正式交往的序幕。在英国方面看来，扩大中英贸易是使团来华的缘由。使团启程之前，英国东印度公司董事长弗兰西斯·培林爵士（Francis Baring）用英文和拉丁文致信署理两广总督、广东巡抚郭世勋，通知此事。从这封信的行文方式、用词和口气看，都是按双方是平等地位来叙述的，英王和清帝地位相当，并非君臣之间的隶属关系。郭世勋不敢如实翻译，便按惯例把平行口气译成下对上、外夷对天朝的禀帖口气，附以原件呈上。乾隆看到郭世勋的奏折及信件译稿，认为强大的远夷国王遣使为自己祝寿，非常高兴，连续下谕，命令广东及沿途官员优遇使者，并对其携来货物，免于纳税。但是，他也强调，贡使必须实行藩国见天朝大皇帝的三跪九叩之礼。就是这一礼仪要求却遭到了英使拒绝，双方争执谈判之后议定：英使以谒见英王之礼谒见中国皇帝，行单腿下跪之礼。乾隆对此十分恼怒，下谕指责贡使妄自尊大，命令不必如前优待。

马戛尔尼访华，对中国人来说，是一件小事，对英国人来说，却是一件大事。英国政府对此次出访非常重视。使团首脑马戛尔尼勋爵是位著名的外交官，使团人员中不仅有官兵，还有天文学家、物理学家、工程师、医师、画家、乐师、技师等专业人士。使团携带的礼品有天体运行仪、地球仪、赫歇尔望远镜、帕克透镜、气压计等科学仪器；还有蒸汽机、棉纺机、梳理机和织布机等工业机器；也有吊灯、座钟、机织布料、带有减震装置的马车、用特种钢制作的刀剑等生活用品；还有榴弹炮、迫击炮、卡宾枪、步枪、连发手枪等先进武器和装备有 110 门火炮的巨型战舰“君王”号舰艇模型；另外还准备进行机械和光学示范以及热气球表演，也准备进行陆军、炮兵表演和铜管乐队的演奏。使团携带的礼品大都是工业革命时期英国最新的科技发明，代表了当时世界顶尖的文明创造，但由于礼仪争端惹怒了乾隆皇帝，清朝安排的短暂会见并未给马戛尔尼提供说话的机会。会见结束后，在清廷的要求之下，使团匆匆离开中国，两国贸易通商的要求也被严词拒绝了。这次失败的出使，英国人感受到了与过往的描述截然不同的中国，中国在西方的形象从此发生巨大转变。使团中的副使记录了在中国的见闻，发现社会还存在普遍的贫穷和不安定现象，并观察到中国军队装备落后、形同虚设。马戛尔尼说："在我们科技日益前进时，他们和今天的欧洲民族相比较，实际变成了半野蛮人。"[①]

在马戛尔尼之后，1816 年，英国使团再次在阿美士德（William Pitt Amherst）的率领下来华，同样因为拒绝磕头，还没见到皇帝就连夜被驱赶出京。阿美士德归国，途经地中海的圣赫勒拿岛时，下船拜访了当时被流放此岛的拿破仑。谈及在中国的遭遇，阿美士德认为中国只不过是表面强大，提出要以战争来解决问题。1842 年，中英《南京条约》在扬子江上英军旗舰"康沃利斯"号上签署。鸦片战争后，越来越多的欧洲人来到中国。对欧洲来说，一种自信自大、蒸蒸日上的文明需要一个作为陪衬的异域形象，他们需要把中国和中国人描绘成为停滞落后的，肮脏可鄙的、邪恶堕落的国家与人民。

7. "中国威胁论"

"中国威胁论"根源于 19 世纪西方文化帝国主义，是殖民主义和帝国主义的产物。当时，已完成工业革命的英美等国家，在资本逐利的驱使下开始疯狂海外殖民，与此同时制造出"西优东劣"的观念为殖民行为辩护。在此过程中，中国具有东方式的"威胁"和"内在的残暴性"，是西方表述中国的众多主题中颇为显著的一条。"黄祸"的缘由五花八门，他们或担心中国的强大和综合国力的增强，或恐惧中国人可能的"种族仇恨"，或忧虑中国人可能的"觉醒"，或担心中国对西方商业可能造成的冲击等。20 世纪中期，中华民族最终推翻了殖民主义、帝国主义的外部压迫，赢得了民族解放与独立并建立起社会主义制度，西方世界基于意识形态方面的考虑，大肆宣扬"中国威胁论"。1949 年中国新民主主义革命胜利后，美国宣称这可能在东南亚引起多米诺骨牌效应，从而形成"红色威

① 乔治·马戛尔尼，《马戛尔尼使团使华观感》，何高济等译，商务印书馆，2015 年，第 6 页。

胁”。1950 年，朝鲜战争爆发，美国提出要“遏制共产主义在亚洲蔓延”，在联合国宣传“中国对邻国的威胁”。此后，美国在中国周围建立了防“红色威胁”的包围圈，并在不同的场合散布“中国威胁论”。

新时期各种形态的“中国威胁论”不断翻新，包括“粮食威胁论”“体育威胁论”“经贸威胁论”“军事威胁论”“能源威胁论”“飞船威胁论”“科技威胁论”等。习近平总书记指出：“中国决不会以牺牲别国利益为代价来发展自己，也决不放弃自己的正当权益。”“中国发展不对任何国家构成威胁。中国无论发展到什么程度，永远不称霸，永远不搞扩张。”[①]我们要认清西方国家一些人歪曲抹黑中国的用心，保持清醒的战略定力。同时要坚定中国特色社会主义道路自信、理论自信、制度自信、文化自信，将实践证明成功的经验和做法坚持下去，确保经济社会持续健康发展。

8.“一带一路”

“一带一路”是“丝绸之路经济带”和“21 世纪海上丝绸之路”的简称，2013 年 9 月和 10 月由中国国家主席习近平分别提出建设“丝绸之路经济带”和“21 世纪海上丝绸之路”的合作倡议。“一带一路”依靠中国与有关国家既有的双多边机制，借助既有的、行之有效的区域合作平台，旨在借用古代丝绸之路的历史符号，高举和平发展的旗帜，积极发展与沿线国家的经济合作伙伴关系，共同打造政治互信、经济融合、文化包容的利益共同体、命运共同体和责任共同体。

“一带一路”贯穿亚欧非大陆，一头是活跃的东亚经济圈，一头是发达的欧洲经济圈，中间广大腹地国家经济发展潜力巨大。丝绸之路经济带重点畅通中国经中亚、俄罗斯至欧洲（波罗的海）；中国经中亚、西亚至波斯湾、地中海；中国至东南亚、南亚、印度洋。21 世纪海上丝绸之路重点方向是从中国沿海港口过南海到印度洋，延伸至欧洲；从中国沿海港口过南海到南太平洋。[②]

“一带一路”倡议是开放性、包容性区域合作倡议，而非排他性、封闭性的中国“小圈子”。其以开放为导向，冀望通过加强交通、能源和网

---

①《中国共产党第十九次全国代表大会文件汇编》，人民出版社，2017 年，第 48 页。

② 参考：《中国明确“一带一路”框架 贯穿亚欧非大陆》，人民网，http://politics.people.com.cn/n/2015/0328/c70731-26764773.html。

络等基础设施的互联互通建设，促进经济要素有序自由流动、资源高效配置和市场深度融合，开展更大范围、更高水平、更深层次的区域合作，打造开放、包容、均衡、普惠的区域经济合作架构，以此来解决经济增长和平衡问题。同时，“一带一路”跨越不同区域、不同文化、不同宗教信仰，但它带来的不是文明冲突，而是各文明间在科学、教育、文化、卫生等各领域的广泛交流互鉴。

“一带一路”倡议为全球治理提供了新的路径与方向。当今世界，贸易保护主义倾向抬头，“逆全球化”思潮涌动，地区动荡持续，恐怖主义蔓延肆虐……这充分说明现有的全球治理体系出现了结构性问题，面对新挑战新问题新情况，中国给出的全球治理方案是：构建人类命运共同体，实现共赢共享，而“一带一路”倡议正是朝着这个目标努力的具体实践。[①]

案例分析

1. 美国电影《撞车》（*Crash*）

《撞车》上映于2004年，由保罗·哈吉斯（Paul Haggis）执导，以多民族、多文化相互交融的城市——洛杉矶为背景，多条故事线并行开展，且各线之间互有交集，展现了不同国家、不同种族、不同家庭、不同职场的各种人物冲突。影片大胆地选取了美国社会敏感的种族问题作为主题，毫不遮掩地展示其中的种种矛盾。影片一上映就引起了巨大的轰动，并在同年的奥斯卡金像奖角逐中摘得最佳影片的奖项。

影片采用多线叙事手法，一起发生在洛杉矶郊外的撞车事件展开，辐射到了与此事有牵连的所有人，以及撞车事件前他们原有的生活。我们看到了认为自己以及同胞依然饱受歧视的黑人男孩，不断地捕风捉影证明别人对黑人有偏见，以让自己心安理得地去抢劫白人；被抢的竞选中的白人地方法官，不能掩饰被黑人抢的事实，但为了黑人选民的选票

① 参考：陈积敏，《正确认识“一带一路”》，人民网，http://theory.people.com.cn/n1/2018/0226/ c40531-29834263.html。

而选择表彰一个黑皮肤的消防员以证明自己对有色人种无偏见；法官的妻子因为害怕抢劫，更换家里的门锁，却不相信来换锁的墨西哥裔锁匠……片名 *Crash* 这一单词的本义为“碰撞”，而影片展示的日常生活中无处不在的“碰撞”才更叫人警惕和忧心。

2. 中国电影《刮痧》

《刮痧》是中国导演郑晓龙执导的电影，于 2001 年上映，影片以传统中医疗法——刮痧为题材，反映中西文化冲突。

故事发生在美国中部密西西比河畔的城市圣路易斯，移居美国的华人许大同来美八年，事业有成、家庭幸福。在年度行业颁奖大会上，他激动地欢呼：“我爱美国，我的美国梦终于实现！”但是随后一连串的变故却狠狠地冲击着他生活。五岁的儿子丹尼斯发烧，前来探亲陪伴的爷爷因为看不懂药品上的英文说明，便用中国民间的刮痧疗法给孩子治病。没想到，在社区医院的一次检查中，丹尼斯背上刮痧留下的瘀痕被发现，因而儿童福利机构认为丹尼斯有遭受虐待的可能。在听证会上，因怕影响父亲办理绿卡，许大同说刮痧是他做的，而不是他父亲。刮痧这种治疗手段，在中国已流传了几千年，早已成为了一种文化传统。而美国人无法理解这一做法的原理，刮痧留下的血痕便成了孩子受到虐待的证据。法庭上，一个又一个意想不到的证人和证词，使许大同百口莫辩。面对控方律师对中国传统文化与道德规范的“全新解释”，许大同最终失去了理智……法官当庭宣布剥夺许大同的监护权，不允许他接近儿子。恼怒的许大同与出庭作证的朋友昆兰产生了矛盾。为让儿子能留在家里得到母亲的照顾，许大同被迫搬离家庭，夫妻分居。父亲决定离开伤心地回国，为了让老人临行前再见孙子一面，许大同从儿童监护所偷出儿子到机场送别。受到通缉的许大同带着儿子逃逸，和围追堵截的警察展开了一场追车大戏，在逃跑过程中享受了父子团聚的片刻快乐。父子分离，夫妻分居，朋友决裂，工作丢失……接连不断的灾难让一个原来美好幸福的家庭支离破碎。贫民区的破旧公寓里，偷偷相聚的大同夫妇借酒浇愁，抱头痛哭。圣诞之夜，许大同思家心切，只有铤而走险，装扮成“圣诞老人”，从公寓大厦楼外的水管向十楼之上自己家的窗户悄悄爬去，结果引来了警车。最终，不能理解“中国逻辑”并出庭指证许大同的昆兰走进华人街的中医馆，亲自体验了刮痧，并将之作为证据找到起诉方，说服对方取消了诉讼，误会终究得以化解。

影片中还有很多反映中西文化及思维差异的细节值得深思：比如，控方律师为了证明许大同在游戏软件设计中有不良暴力倾向，用美国的道德和法律尺度来衡量孙悟空偷吃仙桃和仙丹的行为，认为不该把又偷东西又打人、搞破坏的猴子描绘成英雄。又比如，中国人认为当面教子是家庭教养的重要体现，但这也被控方当作虐待孩子的证据。

3. 美国科幻电影《阿凡达》（*Avatar*）

《阿凡达》是一部由詹姆斯·卡梅隆（James Carmeron）执导的科幻电影，该片于 2009 年 12 月在北美上映，可以说是一部现象级的电影。

电影讲述的故事发生在 2154 年，因战争而瘫痪的前海军陆战队员杰克，正觉得人生再无希望之时，获悉在潘多拉星球参与科学实验的双胞胎哥哥去世，因为基因相同，需要他代替哥哥继续工作，交换条件是可以获得修复双腿的机会。潘多拉星上有一种珍贵独特的能源，吸引着人类不远万里前去拓荒，但是，潘多拉星的空气对人类致命，人类外出需要佩戴面罩；更重要的是，星球上的原住民——体型巨大、蓝肤、长尾的纳美族人，不满人类拓荒者的到来，阻碍了人类采矿的进度。人类企图与纳美人建立联系，并向他们传递地球文化，输入地球语言，并说服他们离开富藏矿石的领地。为了能与纳美族人更好交流，科学家们将人类 DNA 和纳美人的 DNA 结合，制造了一种克隆纳美人身体——阿凡达，可以让人类的意识进驻其中，成为人类在潘多拉星上自由活动的化身。然而只有与阿凡达 DNA 配型相符的人才可以驱动这个身躯，杰克就是来接替死去的双胞胎哥哥，驱动他留下的阿凡达。

杰克就这样用阿凡达身体与队友们一起深入了潘多拉星球。这里美得不可思议：星罗棋布浮于空中的群山、色彩斑斓植被茂密的雨林、夜间闪烁着如梦似幻光芒的动植物。不过，这里也同样危机四伏——一头怪兽突然袭击他们，逃命过程中他与队友失去了联系，晚上又遭到一群土狼围攻。危急关头，纳美族的公主救了他，也将之引入纳美族人部落，并成了他学习潘多拉星知识的导师。相处过程中，杰克发现纳美族人过着简朴天然的生活，并一直与星球上的其他物种和谐相处，他也逐渐认识到人类来此采矿是对潘多拉星球的掠夺与侵略，于是决意保护纳美族人的家园。但这意味着与人类同胞利益发生冲突，如果背叛同胞可能要付出极大代价：他会丧失与阿凡达结合的权利，只能困在残疾的身体里，失去那个他已经深深爱上的纳美族女孩。

与此同时，人类采矿公司发现矿物最多的地方，恰恰是纳美族人赖以生存的家园树，于是派遣战机去摧毁，杰克与同胞斡旋，希望由自己去说服纳美族人离开大树，以避免战争，然而却招来了纳美族人的怨愤，将之捆在刑架上。采矿公司派遣的战机发现协商失败，于是开火，纳美族人的领袖在炮火中丧生。失去生存之地的纳美族人被迫暂居神树之下。而杰克也被人类同胞关押。随后，他逃脱成功，进入阿凡达，驯服了神兽魅影，得到纳美族人的信任，成为他们的领军人物，并联络了潘多拉星上的其他族群，组建了反抗军，与人类采矿公司的军队展开了血战。反抗军最终打败了人类，纳美族人在杰克的帮助下，遣送人类全部离开潘多拉星。最后，纳美族人用自己的感受器与神树相连，借助神树的力量，将杰克的意识完全转移到他的阿凡达身上，使之成为一个完全的纳美人，成为他们真正的领袖。

影片上映后，有批评家不满影片暗示非白人族群无法拯救自己，需要一个白人来领导他们保卫家园的圣战。《纽约时报》专栏作家戴维·布鲁克斯痛斥这样的情节设置带有浓重的种族歧视色彩："它体现了带有双面特征的文化霸权主义。原始人的命运必须让外来力量的扩张行径重新塑造，不管这种行径是凶残的还是温和的，原始人都必须支持外来力量某种傲慢的自我欣赏。"导演卡梅隆则对种族歧视的质疑矢口否认："这部电影是要求我们睁大双眼看看真实的四周，学会尊敬那些跟我们不同的人群，也许这就是阻止冲突和更和谐生活的方法……这跟传递种族信念毫无关系。”[①]还有学者认为，影片表达出“对人类现代文明异化的忧虑”。

4. 中国科幻电影《流浪地球》

《流浪地球》是根据中国著名科幻作家刘慈欣同名小说改编，由郭帆执导的中国科幻电影。该片于2019年2月5日（农历正月初一）在中国内地上映，引发观影热潮，至今保持着中国电影总票房排行榜第三名的成绩[②]，2019年也因此被媒体称作“中国科幻电影元年”。

《流浪地球》的故事设定在2075年，科学家们发现太阳急速衰老膨胀，短时间内包括地球在内的整个太阳系都将被太阳所吞没。为了自救，人类提出一个名为“流浪地球”的大胆计划，即倾全球之力在地球表面建造上万座发动机和转向发动机，推动地球离开太阳系，用2500年的时间奔往新家园。由于远离太阳，大地被极寒笼罩，人类转入地下空间生活，而引领地球在太空迁徙的是高踞地球上方的领航员空间站。中国航天员刘培强在儿子刘启四岁那年前往领航员空间站，和国际同侪肩负起领航者的重任。转眼刘启长大，他带着妹妹韩朵朵偷偷跑到地表，无照驾驶外公韩子昂的运输车，却遭遇了全球发动机停摆的事件。为了修好发动机，阻止地球被木星吸入，全球展开营救，连刘启偷开的车也被强征加入。在与时间赛跑的过程中，无数人前仆后继，奋不顾身，只为延续人类生存的希望。当各种方案都失败的时候，领航员空间站的智脑判定地球已无逃脱木星引力的可能，空间站将执行“种子计划”，放弃地球，让带有地球物种基因库、植物种子、文明数据的飞船踏上漫长的宇宙迁徙之路。然而，刘培强却在最后关头，驾驶飞船冲进离子束引爆木星，地球得救了。

独立影评人代亮（笔名梦里诗书）指出，在《流浪地球》所塑造的这个末世里，不同于欧美末日科幻中必然存在的弱肉强食，这是一部没

① 《〈阿凡达〉涉种族歧视遭抗议》，中国日报网，www.chinadaily.com.cn/hqgj/2010-01/13/content-9312374.htm。

② 数据统计截至2020年7月。

有严格意义上的坏人存在的电影，或许这样的构思有着乌托邦的色彩，但这恰也是电影最为深邃的内核，面对最后的取舍，电影表达了没有人类，人类文明就毫无意义的观点。人才是驾驭人类发展最为核心的所在。

影片上映后，在海外也获得了超过 1 亿美元的票房，美国流媒体播放平台 Netflix 将之译成 28 种不同外语版本，面向全球 190 多个国家和地区的观众播映，电影在外媒获得的评价也相当高，《纽约时报》《福布斯新闻》等媒体纷纷评论这是中国一次成功的文化输出，将中国人的家国情怀展现在全球观众面前，而不再让好莱坞的个人英雄一枝独秀。中国主流媒体则评价道：与令人叹为观止的情节和特效同样吸引外国观众的，还有《流浪地球》中体现的中国亲情观念、英雄情怀、奉献精神、故土情结和国际合作理念。电影不再是超级英雄拯救世界，而是人类共同改变自己的命运。这样的理念，是对好莱坞科幻电影叙事套路的突破。将中国独特的思想和价值观念融入对人类未来的畅想与探讨，拓展了人类憧憬美好未来的视野。①

5. 中国中央电视台纪录片《舌尖上的中国》

《舌尖上的中国》是由陈晓卿执导，中国中央电视台出品的一部美食类纪录片，也是一部引发了观看和讨论热潮的现象级纪录片。该片第一季于 2012 年 5 月 14 日在中央电视台综合频道《魅力纪录》栏目首播。

纪录片拍摄跨越了国内 60 个地区，以“食材”“主食”“转化”“储藏”“烹饪”“调和”“生态”等 7 个主题讲述了千百年来中国人独特的饮食习惯，从文化角度探讨了从传统劳作到食物创新、生活的艰辛和几代人的智慧结晶，凸显出特有的中国气质。

《舌尖上的中国》总导演陈晓卿坦言：“通过中华美食的多个侧面，感受食物给中国人生活带来的仪式、伦理、趣味等方面的文化特质，这是我们拍摄这部纪录片的目的。”

正因如此，这部纪录片也被很多人评论为“爱国主义大片”。更有学

① 钟声，《〈流浪地球〉折射源自现实的未来感》，人民网，http://opinion.people.com.cn/n1/ 2019/0214/c1003-30671966.html。

者认为："《舌尖上的中国》以美食为承载，通过国家认同的构建，较为成功地完成了传播国家主流意识形态的责任。此片对于国家认同的意识形态构建，是通过民族性格认同，民族情感认同，传统、文化和文明认同，族群认同四个维度的互动实现的。"[①]

6. 英国广播公司（BBC）纪录片《杜甫：中国最伟大的诗人》

2020 年 4 月 7 日，英国广播公司（BBC）推出了纪录片《杜甫：中国最伟大的诗人》（*Du Fu：China's Greatest Poet*），该片由 BBC 最受欢迎的主持人之一、历史学家迈克尔·伍德（Michael Wood）主讲，在片中，他走访探寻了中国唐代诗人杜甫一生的足迹,向英语世界的人们介绍杜甫波澜壮阔的一生。

片中对中国悠久的诗歌传统给予了极大的认可，称中国的诗歌传统早于《荷马史诗》，唐玄宗治下的中国处于"文化最辉煌的时代、诗歌最伟大的时代"，"当时世界上没有任何文明像中国那样优雅、有文化"。片中还毫不吝啬地用"最伟大"来形容杜甫，并评论道："从某种意义上说，称他为'中国最伟大的诗人'，反而是在轻描淡写杜甫的重要性，因为在表述里，就已经限制了他的地位，他仅仅是一个'诗人'的形象。反观西方文化，恰恰没有一个可以与之相比的人物。他的诗词，不仅是在抒发情感，更是代表着整个文明的道德感性。"

本片的主持人、脚本撰写人是曼彻斯特大学公共历史教授、英中了解协会（Society for Anglo-Chinese Understanding）主席迈克尔·伍德，曾制作超过 120 部历史纪录片。这不是他第一次涉足中国历史题材的纪录片。2016 年制作的《中华故事》（*The Story of China*）让他得到来自中英两国观众的盛赞。伍德以一个英国人的角度，带着他的疑问，试图在日新月异的中国社会寻找杜甫的踪迹。正如伍德在片头所说："在当代，往昔以前所未有的速度离我们远去。但寻旅者仍然可以在中国当代找到中国古代文化的价值。"[②]

---

① 于烜，《从〈舌尖上的中国〉看国家认同的意识形态构建》，《北京社会科学》2012 年第 6 期。

② 王润，《BBC 最新纪录片向西方推介杜甫》，《北京日报》2020 年 4 月 17 日。

有记者在采访伍德时提问："你认为不同文化之间是否存在'不平等'现象？在全球化的今天，中西文化交流似乎依然有着森严的壁垒，去西方学习的东方人络绎不绝，东方的优秀文化在西方却只有很少的人了解，还有大量的普及性的工作需要做，纪录片在文化交流与传播中又扮演着什么样的角色？"

迈克尔·伍德则回答："这个问题很大，尤其是放在当下这样困难的时期来谈。现在外界关于中国的传闻甚嚣尘上，我对中国人的遭遇感同身受。攻克病毒需要的是合作，而非诘难。甚至放大了说，为了整个地球未来十年的命运，我们需要协同努力、友好互助，而非敌对。任何能够促进彼此了解的对话方式都是可取的。小小的纪录片似乎成不了什么大气候，但它将一种文化介绍给另一种文化，也起到了一定的作用。比如杜甫，英国观众就受到了不小的影响，很多中国观众也说这部片子来得真及时。中国观众能够认可这部影片，我们深感荣幸和感激，希望这部小小的纪录片能为中华文化中这位伟大的人物正名。"①

7. 欧洲难民危机

欧洲难民危机，或者称欧洲移民危机，指自从 2010 年年底"阿拉伯之春"运动爆发后，中东北非地区宗教与种族矛盾日益尖锐，恐怖主义势力大肆蔓延，地区局势持续动荡，数量激增的难民或是经济移民从中东、非洲和亚洲等地经地中海及巴尔干半岛进入欧盟国家寻求居留而产生的移民潮。特别是 2011 年叙利亚内战爆发之后，局势更加严峻，冲突已导致 650 万叙利亚人流离失所，440 万叙利亚人沦为难民。同时，"伊斯兰国"等极端恐怖主义组织在中东北非地区迅速扩张，加快了当地难民数量增长的速度。

作为中东北非地区的近邻，同时也是世界上发达国家最为集中的地区，欧洲自近代以来一直是世界各地特别是中东地区难民流向的主要目的地之一。2015 年，在中东北非难民持续涌入欧洲 5 年之后，经济不振、

---

① 余雅琴，《是什么让杜甫"破圈"？专访 BBC 纪录片〈杜甫〉主持人迈克尔·伍德》，《新京报》2020 年 5 月 1 日。

深受债务危机困扰的欧洲社会最终难以抵挡规模达百万以上的难民潮的冲击，从而爆发了第二次世界大战以来欧洲最为严重的难民危机。面对难民潮，受害更大的是一些难民发源地邻近的国家。

根据联合国难民署数据，2019 年年底，德国是欧洲最大的难民收容国，共收容约 110 万人，但这一数字较 2015 年并无显著增长。据德国媒体报道，2019 年，约 2/3 的难民申请遭德国政府拒绝；希腊等位于难民接收“前线”的欧洲国家也纷纷收紧避难法。有专家表示，欧洲整体经济形势不景气，加之民粹主义力量的崛起，排外、保守成为欧洲话语主流，造成了当前“以自我为中心”的政治氛围，导致欧洲各国难民政策收紧。欧洲之外，美国连续 3 年下调难民接收规模，加大了全球收容压力。联合国难民署表示，美国的决定不仅将数千难民置于危险境地，也向其他国家释放了负面的压力信号。①

文本阅读

1.《后社交时代的新社交》

[美] 皮埃罗·斯加鲁菲

社交媒体不是什么新技术，却是全球使用人数最多、影响力最不容低估的技术，但是，人们对它的现在和未来的思考远远不足。全球每天有大量的人不自觉地将大量的时间花在了 Facebook 和微信上，这到底意味着什么？我们现在真正步入的是一个“后社交”时代，这又会如何改变我们的生活？

如果你仍然认为社交媒体只是 Facebook、微信、LinkedIn（领英）等互相分享生活、工作情况和爱好的平台，那你对社交的理解就太局限了。我所偏爱的新兴社交具备的主要特征是：它运用数字化工具把具有共同理想和目标的人们聚集在一起，做一些对人类和社会有益处的事情。社交媒体真正的革命性力量也会从这类社交中爆发，因为它聚合大众一起贡献知识、时间或金钱，保证重要的事情能够践行。

---

① 数据信息参考：《困局？全球难民数量创近 70 年来最高纪录 而这项数据令人惊讶》，央视网，http://news.cctv.com/2019/12/17/ARTIDZbBL5vD3VX6gTlil8Nr191217.shtml。

社交媒体“不社交”

根据皮尤研究中心2015年的一项研究，美国65%的成年人都使用社交网站，这个数字在欧洲和中国可能也不相上下，意味着全世界大概有25亿的社交网站用户，互联网毫无疑问改变了我们的社交方式，但是，它真的是向更好的方向改变吗？

首先，我们必须明白这个时代“社交媒体”的真正含义。我们往往倾向将Facebook、Twitter等称为“社交媒体”，但它们真实的身份是“广告媒体”。它们的确为社交而生，但如今它们的主要“任务”已经是做广告。谷歌和Facebook的大部分营收都是从广告中来的。其次，它们之所以在全球范围内都这么受欢迎，靠的主要是用户“上瘾”。酒精上瘾和吸毒上瘾容易察觉，但这种新的“社交媒体上瘾症”却能让你在不知不觉中沦陷，这种新的上瘾其实是八卦瘾、虚荣瘾和偷窥瘾的混合。你也可以说，社交媒体的故事就是人们这几种“混合瘾”的演变故事，瘾头越大，沦陷的人越多，它就越可以用出售更多广告的方式达到“货币化”。

总之，社交媒体的生存逻辑很简单：首先将自身变成一种让人上瘾的习惯，然后再摇身变成推销商品的极佳平台，让人们乖乖花更多的钱。这就像1998年以前的烟草行业，两者本质上是一样的：从人们的某种上瘾症中赚钱。

在推销商品这一点上，社交媒体的“颠覆性”值得大书特书。做生意原来只是生产一些人们想要的东西，如今整个社交网络早已变成了研究如何让人们想买大部分并不需要（一般情况下也不会买）的东西。工业革命繁荣了广告行业，依托于报纸、广播和电视等媒体，广告业绞尽脑汁让人们想买东西，而如今的社交网络简直就是广告行业的“工业革命”：相比原来少数媒体宣传商品，现在我们全民都在社交媒体上打广告。

…………

孤独者闪耀人类文明

为什么人类需要社交？我认为，人类的大脑里有两股互相搏击的力量。关于人类是社交型动物的研究比较知名的是芝加哥大学心理学家约翰·卡乔波（John Cacioppo），他发表了关于孤独的颠覆性理论：孤独之所以会让人抑郁并引起自杀，是因为进化中的人类需要社交才能生存。比如，史前人类能够杀死巨型动物靠的是群体合作下的猎杀，农业社会的人们靠一起灌溉、收割解决食物问题。那些不愿意社交和合作的人便成了种族生存的累赘，因此，自然选择在千百年的岁月里“编程”了我们的基因，使我们社交时觉得开心，孤独时觉得不开心。2012 年，伦敦帝国学院的吉莉安·马修斯（Gillian Matthews）还发现了“孤独神经元”，就是当我们社交时让我们感到开心，孤独时让我们不开心的神经元。然而，这不可能就是全部事实。

想一下“孤独者”在人类文明中有多重要吧！我们敬仰历史上那些伟大的僧侣、隐士和杰出的哲学家等，他们都喜欢独处，在孤独中诞生出了光芒闪耀的思想。我们至今视他们为“导师”，而不是“病人”。比如，佛陀是一个孤独者，一个树下的冥想者，而不是一个热衷参加派对的人。

…………

触摸实体的渴望

有趣的是，在视频游戏、YouTube 和各种线上影院的时代，线下的电影院仍然是满的，甚至比其他任何时候都人满为患，似乎人们就是喜欢扎堆，喜欢到人多的地方去。此外，博物馆的参观人数世界各地都在增加，艺术品展览销售量也直线上升。

就我自己而言，我最近每年都会被各大会议组织方付机票请我去演讲，从来没有人邀请我通过微信或 Skype 远程演讲。在 20 世纪 90 年代的互联网泡沫中，硅谷的每个人都相信很快办公大楼就会被遗弃，员工们都可以直接在家上班了。结果呢，20 年后的今天，有几家公司的员工能被老板允许在家工作呢？

因此，整个社会其实正在悄无声息地兴起一股反数字化的浪潮，尽管信件、图书、杂志、报纸和实体店一个接一个地倒下去，从城市的角落里消失，人们仍然渴望看到、触摸到实体的东西。

我尤其对实体艺术的复兴抱有很大希望。越来越多的人到博物馆参观，越来越多的人参加画展都是重要的信号。视觉艺术尤其有价值，因为它超越了语言障碍，是一种“通用语言”，每个人都可以理解。你不需要为了欣赏中国传统书法或画作而学汉语，也不需要为了欣赏法国艺术学法语，艺术永远都是全球化的。

（选自皮埃罗·斯加鲁菲，《人类 2.0——在硅谷探索科技未来》，牛金霞、闫景立译，中信出版集团，2017 年，第 195 ~ 217 页）

2.《今日简史》，[以]尤瓦尔·赫拉利著，林俊宏译，中信出版集团，2018 年，第 87 ~ 102 页

（正文略）

3.《枪炮、病菌与钢铁》，[美]贾雷德·戴蒙德著，谢延光译，上海译文出版社，2016 年，第 348 ~ 360 页

（正文略）

4.《权力的餐桌——从古希腊宴会到爱丽舍宫》，[法]让-马克·阿尔贝著，刘可有、刘惠杰译，生活·读书·新知三联书店，2018 年，第 168 ~ 183 页

（正文略）

思考题

1. 全球化是人类社会发展的必然趋势吗？

思考指引：可通过追溯全球化的发展历史来思考，比如四大发明、阿拉伯数字、地理大发现、疾病的流行，等等。

2. 全球化要面对的问题和矛盾有哪些？

思考指引：从文化认同、政治立场、经济利益、科技发展、伦理和道德底线、人文关怀等方面展开讨论。

3. 对文明的种类划分是必然的吗？对人类的群体划分带来了怎样的现实影响？未来会有所改变吗？

思考指引：对于人群的分类是否一直在变化，分类产生了怎样的现实影响，现代科技如互联网改变了人们交际的界限，这种改变会否引起分类的变化，这种变化是否会改变对于某个群体的文化认同。

4. 如何理解全球化时代的国家认同？

思考指引：从现实政治与人文情怀、集体与个体等层面思考。

推荐书目

1. [以]尤瓦尔·赫拉利，《今日简史》，林俊宏译，中信出版集团，2018年。

2. [美]皮埃罗·斯加鲁菲，《人类2.0——在硅谷探索科技未来》，牛金霞、闫景立译，中信出版集团，2017年。

3. [法]让-马克·阿尔贝，《权力的餐桌——从古希腊宴会到爱丽舍宫》，刘可有、刘惠杰译，生活·读书·新知三联书店，2018年。

4. [美]贾雷德·戴蒙德，《枪炮、病菌与钢铁》，谢延光译，上海译文出版社，2016年。

5. 王铭铭，《超社会体系——文明与中国》，生活·读书·新知三联书店，2015年。

6. 姚大力，《追寻“我们”的根源——中国历史上的民族与国家意识》，生活·读书·新知三联书店，2018年。

第六章 文化传统与文化互动

理论关键词

1. 信　仰

信仰作为动词，指对某人或某种主张、主义、宗教极度相信和尊敬，拿来作为自己行动的榜样或指南。作为名词，信仰则指相信并奉为准则或指南的某种主张、主义、宗教等。[①]

信仰是心灵的主观产物，是个人的意识行为。信仰是人类的一种精神需要，其作用是给生活以意义或价值指导。

信仰的意义在于，由于人对世界与自我的认知是有限的，人需要有一种力量作为自己的精神支柱。不同的人在信仰的选择上也会有所不同，有的人选择信仰宗教、有的人选择信仰科学，有的人选择信仰理性……不管信仰有多么不同，信仰者对信仰的态度却是相同的，即将信仰内容视为引领人生各个方面的最高原则，所有的活动都以遵循这个原则为指向。

2. 宗　教

宗教是人类社会发展到一定历史阶段出现的一种文化现象，属于社会特殊意识形态，是以神或神的诫命作为人们崇拜敬畏的象征对象，从而发挥其特定的社会作用。古时的人类由于对宇宙的无知，所以相信现

---

① 中国社会科学院语言研究所词典编辑室，《现代汉语词典》（第7版），商务印书馆，2016年，第1462页。

实世界之外存在着超自然的神秘力量或实体，从而产生出鬼神崇拜及仪式活动体系，其本质是一种精神寄托。信仰与宗教的关系在于：信仰是宗教的核心；宗教并不是满足人的信仰需要的唯一形式或途径。

当今世界主要的宗教有：基督教、伊斯兰教、印度教、犹太教、佛教、道教等。

3.“韦伯命题”

“韦伯命题”是德国人马克斯·韦伯（Max Weber，1864—1920）提出的，他认为新教伦理是资本主义经济发展的原动力，而中国的儒家伦理不仅不能推动而且阻碍了资本主义经济的产生。韦伯的这一观点，在20世纪80年代亚洲经济快速发展时受到了质疑，并引起了学界广泛的讨论。无论“韦伯命题”是否正确，其意义在于将信仰和伦理的研究与经济研究相结合，强调传统信仰与伦理资源对现代经济发展的影响。

马克斯·韦伯在西方社会学、经济学、政治学等领域都影响深远，被誉为“组织伦理之父”。他的代表作《新教伦理与资本主义精神》（*The Protestant Ethic and the Spirit of Capitalism*）从宗教信仰的角度来讨论西方国家如何进入现代社会，指出新教伦理的扩散与发展直接促成了西方资本主义的发展。韦伯指出新教的加尔文宗提倡忠于职守，干好上帝给予的平凡工作，并且认为赚钱不是为了消费和奢侈，而是通过辛勤劳动积攒的财富来证明自己是上帝的选民。韦伯认为这样的观念会鼓励教民尽最大限度的努力以获取财富，这正是资本主义精神的体现，也是资本主义财富积累的关键。

韦伯在1915年出版了他的另一本书《中国的宗教：儒教和道教》（*The Religion of China: Confucianism and Taoism*），志在探讨中国儒家文化为何没能像新教一样孕育出资本主义，他将儒教与西方的新教做了分析比较，最后得出了结论：儒家伦理阻碍了中国资本主义的发展。他认为，新教伦理追求的是上帝的承认，是外在的超越；而儒家的价值取向是入世的，完全认同现实，是保守的、无法超越的。这也是中国没能产生原发性现代社会的主要原因。

4. 天人合一

“天人合一”是中国古典哲学的主要观念之一。中国古人认为一切人文演进都应顺从天道，违背了天命，则无人文可言。[①]其在当代的解释是：人是宇宙自然的一部分，人与自然本质相通，故一切人事应与自然的规律交融相和，达到和谐共存的境界。

《周易 · 乾卦》中说：“夫大人者，与天地合其德，与日月合其明，与四时合其序，与鬼神合其吉凶，先天而天弗违，后天而奉天时。”即指“圣人”所为不会背离天意与宇宙秩序。老子在《道德经》中说：“人法地，地法天，天法道，道法自然。”这是尊重客观自然法则的思想。《庄子 · 齐物论》中说：“天地与我并生，而万物与我为一。”《孟子 · 尽心上》中说：“万物皆备于我矣。”指万物本性都与我所通。《荀子 · 天论》中说：“天行有常，不为尧存，不为桀亡。”认为“天”有自身规律，不以人的意志为转移。荀子同时又提出“制天命而用之”的主张，认为“人”最为天下贵。董仲舒在《春秋繁露 · 为人者天》中说：“为生不能为人，为人者，天也，人之人本于天，天亦人之曾祖父也。”即人的命运由天定。这些都是中国历史上早期思想家们对“天人关系”的思考。

在先秦时代，“天”有两重含义，一指有人格的神，一指与地相对而言的天空。从前者引申出天命等观念，从后者引申出自然、规律等观念。[②]当代张岱年曾指出在中国哲学史上“天”的含义包括：最高主旨、广大自然、最高原理，认为“天人关系”即是对人与自然或人与宇宙之关系的探讨。[③]张汝伦支持“天道决定性命”一说，认为“天人关系”中“天”支配“人”，“天”是决定性因素，没有“天”就没有一切。认为中国传统社会中，君子以天道自律，反求诸己，方能“至顺天常”，所以“天人合一”实质是追求外在的超越。[④]钱穆认为“天命”就表露在“人生”上，

① 钱穆，《中国文化对人类未来可有的贡献》，《中国文化》1991 年第 4 期。

② 吴震，《先秦“天人之辩”是否就是思维与存在关系的争论？》，载于夏乃儒主编，《中国哲学三百题》，上海古籍出版社，1988 年，第 53 页。

③ 张岱年，《中国哲学中“天人合一”思想的剖析》，《北京大学学报》（社科版）1985 年第 1 期。

④ 张汝伦，《绝地天通与天人合一》，《河北学刊》2019 年第 11 期。

离开了“人”又从何处来证明有“天”？人生为万物之一而又异于万物，就在于“人”既能不违背天与自然，又能与天命自然融合，这是一种内在的超越。[①]费孝通在钱穆的观点的基础上，进一步提出人文世界生成于人与自然关系的互动的观点，“天人合一”意味着反对西方功利个人主义主张的“天人对立”，反对无止境地用功利主义态度片面地改造自然来适应人的需要，而主张人尽可能地适应自然，这既是一种宇宙观，又是一种基本的处世态度。[②]

5.“民胞物与”

北宋的张载曾在其文章《西铭》中说：“乾称父，坤称母。……民，吾同胞；物，吾与也。”他认为万物与人类同生于天地之间，人民皆为我同胞，万物与我同类。其核心思想是爱人爱物，应该爱一切人，爱一切物。这一思想主张尊重自然，保护环境，抛弃狭隘的“人类中心主义”，爱人如爱己，有助于在今天促进人与人、人与自然和谐相处。

儒家思想中，人只是天地万物的一部分，所以人性也是天地万物的一部分，由己知人，由己知物，从自己内心出发，对天地怀谦卑之心，爱自然万物，讲求众生平等，这便是追求天人合一的儒家的世界观。“儒家思想追求的精神力量是一种内在的超越，一方面要通透到天人合一的境界，一方面又要落实到人伦日用之间，从自己推及他人，由小家推及国家。”[③]并且儒家所讲的天人关系、人伦常理、艺术美学是一气贯穿的，中国传统思想就是将它们联系成一体，强调知行合一，强调理论与实践相结合。

6.“差序格局”理论

“差序格局”是社会学家费孝通在 1948 年提出的一个社会学和人类

① 钱穆,《中国文化对人类未来可有的贡献》,《中国文化》1991 年第 4 期。

② 王铭铭,《联想、比较与思考：费孝通“天人合一论”与人类学“本体论转向”》,《学术月刊》2019 年第 8 期。

③ 杜维明,《“公共知识分子”与儒学的现代性发展》,《贵州师范大学学报》2001 年第 1 期。

学观点，指的是由亲属关系和地缘关系所决定的有差等的次序关系。费孝通认为中国传统乡土社会的格局是以宗法群体为本位，人与人之间的关系就好像把一块石头丢在水面上所引发的一圈圈推出去的波纹，每个人都是他的社会影响所推出去的圈子的中心。这样的波纹愈推愈远，愈推愈薄，波纹的远近可以标示出社会关系的亲和疏。这就是“差序格局”，是“己”这种“自我”的为人之道。这种社会格局，可以随“己”所处的时空变化而产生不同的圈子。每个人在某一时间、某一地点所动用的圈子不一定相同，每个网络都是以“己”作为中心，每个网络的中心也各不相同，这就是一个差序格局，也是伦理格局。

同时，费孝通指出，西方社会中人与人的关系则是一种“团体格局”。西方社会以个人为本位，人与人之间的关系，好像是一捆柴，几根成一把，几把成一扎，几扎成一捆，条理清楚，形成团体状态。西方社会的团体格局离不开宗教的观念。宗教的虔诚和信赖不但是他们道德观念的来源，而且是支持行为规范的力量，是团体的象征。而在中国曾经的宗法制社会中，一切关系都从个人到家庭扩展开去，这样的社会体系就更加看重家庭伦理，所以个人也就受伦理道德的约束。

7. 圣贤人格

儒家用“圣人”或“贤人”来形容一种理想人格，在儒家思想影响下的人大多追求的是一种圣贤人格。《论语·雍也》指出，“圣人”是“博施于民而能济众”。《孟子·离娄上》说：“圣人，人伦之至也。” 事实上，这样的理想人格很难实现，孔子也并不认为常人能达到“圣人”的标准，他认为，能成为“己欲立而立人，己欲达而达人”的君子，已经不错了。孟子也提出“人人皆可为尧舜”，认为仁义已经是很高的道德标准。[①]所以儒家的基本修养方法是追求人内在的道德价值的逐步实现，《大学》的“修身、齐家、治国、平天下”，叔孙豹的“立德、立功、立言”，张载的

---

① 夏乃儒，《先秦诸子对“人的价值”问题作了哪些考察》，载于《中国哲学三百题》，上海古籍出版社，2007 年，第 55 页。

“为天地立心，为生民立命，为往圣继绝学，为万世开太平”，这些都体现了儒家知识分子希望在现实世界中一步步突破自身限制并努力实现自己生命价值的人生理想。儒家知识分子希望能够通过自身的逐步修行构建起一个充满仁爱道德的理想社会，由此超越自己有限的生命。

8. 和而不同

西周史伯认为“和”就是“以他平他”，即把不同的东西相互调和而达到平衡，而“同”就是相同的东西的累加，他指出“和实生物，同则不继”，意为实现了和谐，则万物即可生长发育，如果完全相同一致，则无法发展、继续。孔子提出“君子和而不同，小人同而不和”的观点，成为儒家思想的一个重要内容。“和”代表建立在多样性与差异性基础上的“统一性”，承认、包容差异与分歧，并将这些差异与分歧处理到某种适当的结构中，使他们各得其所。所以，“和而不同”的意思是指和睦地相处，但不随便附和。而“同”是指排除差别的“简单重复”和“绝对等同”。[①]“同而不和”是指迎合别人的心理、附和别人的言论，但并不抱有和谐友善的态度。

中国文化中“和而不同”的思想体现了中华文化的包容性，“多元的文化形态在相互接触中相互影响、相互吸收、相互融合，共同形成中华民族‘和而不同’的传统文化”[②]。可以说“和而不同”思想在中国传统文化中，是一种政治智慧，是一种人生观，也是一种文化观。在这种思想影响下，中国各个民族在尊重各种文化特性的基础上，和平共处、取长补短，从而形成“多元一体”、共生共荣的局面。正如费孝通所说，“和而不同”的文化观可简述为：“各美其美，美人之美，美美与共，天下大同。”[③]事实证明，中华文明之所以能历经五千多年而从未中断，根本原因在于中国人秉承“和而不同”的文化理念，通过多民族文化融合和中外文化交汇，使中华民族文化不断丰富发展。在这个意义上，“和

① 方克立，《“和而不同”：作为一种文化观的意义和价值》，《中国社会科学院研究生院学报》2003 年第 1 期。

② 费孝通，《费孝通论文化与文化的自觉》，群言出版社，2007 年，第 243-244 页。

③ 费孝通，《缺席的对话——人的研究在中国——个人的经历》，《读书》1990 年第 10 期。

而不同”是中国传统文化源远流长、博大精深、富有强大生命力的根源所在。[①]

案例分析

1. 李安电影《少年派的奇幻漂流》(*Life of Pi*)

李安导演的电影《少年派的奇幻漂流》改编自扬·马特尔(Yann Martel)的同名小说。电影讲述了遇到海难的印度少年派与一群动物在救生艇上漂流了227天，在这个过程中，豺狗先是吃了斑马，又吃了猩猩，然后老虎吃了豺狗，最后以派和老虎生存下来到达陆地结束。这个故事让人难以置信，许多人表示怀疑，派作为唯一幸存下来的人，又将他海上的遭遇重新讲了一遍，不同的是，这一次他将救生艇上的动物换成人，斑马对应一位水手，猩猩对应派的母亲，豺狗对应一位性情暴虐的厨子，而老虎则隐喻派自己，救生艇上的四个人（水手、母亲、厨子和派）在这场“食物链”大战中，只有派独自活了下来。最后派发问：你愿意相信第一个故事还是第二个？你认为哪个是真实的？

通过这部电影，我们可以思考：第一，从人与自然的关系来看，人对世界与自我的认知永远是有限的。第二，从人与社会的关系来看，具有群体性的人会受到来自群体规则的约束，人的兽性常常会受到道德的鞭挞，这也是人区别于动物的精神标志。第三，从人与自我的关系来看，理性和信仰分别对人有着重要意义。

2. 韩国电影《雪国列车》(*Snowpiercer*)

韩国导演奉俊昊的电影《雪国列车》改编自20世纪70年代的一部法国漫画。电影讲述了这样一个故事：全球79个国家为了逆转温室效应，往大气层中散播制冷剂，没想到导致全球气温骤降，地球成了冰雪世界。

---

① 郭明俊，《“和而不同”思想的多重意蕴》，《唐都学刊》2002年第2期。

幸存的居民登上了威尔福德公司制造的环球列车。这趟列车由永动机牵引，按社会阶层的从高到低，从前到后安排车厢，每年全球巡回一次。在列车尾部生活的底层居民饱受压迫，他们发起革命，向着车头节节突破，最后他们发现这艘现代“诺亚方舟”内部人口的生态平衡统统掌握在列车的核心人物手中，包括他们的革命也是核心人物为了维持生存的一部分。

通过这部电影，可以思考马克斯·韦伯指出的人类社会的工具理性与有限理性发展到极端的后果，并进一步探讨这种西方文化中的征服、战胜、控制的精神带来的人与自然的紧张关系，以及由此产生的家园的失落、终极价值的丧失和生命的消逝等问题。

3. 切尔诺贝利事件

1986 年 4 月 26 日凌晨，乌克兰切尔诺贝利核电厂的第四号反应堆发生了爆炸，连续的爆炸散发出的大量高能辐射物质覆盖了大面积区域，辐射危害严重，意义发生后，有许多人当场死亡，紧接着数十万人被迫转移。事故发生后的数年，以至目前，还有更多的人因此受到疾病的威胁。这次灾难所释放出的辐射剂量是第二次世界大战时期爆炸于广岛的原子弹的 400 倍以上，该事故被认为是历史上最严重的核电事故。辐射给自然环境、各种生物带来的伤害至今仍在继续。讽刺的是，人们在事故发生 33 年后，在这一带发现了曾经因人的存在而几乎灭绝的狼和其他一些稀有野生动物。[①]在人类搬走以后，它们才得以回到这个满目疮痍的家园，虽然也会受到辐射的影响，但即便这样，对它们来说，也好过与人共存。

联系中国传统文化中的“天人合一”与“民胞物与”思想，可以思考把人的发展建构在人与自然互融、共生的基础上的现实意义，并进一步探讨“天人合一”观念中，自然作为人的对话者而非被征服者，如何促进万物的培育与人的价值的提升。

---

①《33 年后“人间地狱”切尔诺贝利 野生动物将这里变天堂》，新浪科技，https://tech.sina.com.cn/d/n/2019-05-21/doc-ihvhiews3358992.shtml。

4. 墨西哥电影《通天塔》(*Babel*)

墨西哥导演亚历桑德罗·冈萨雷斯·伊纳里图(Alejandro Gonzales Inarritu)的电影《通天塔》，从美国、墨西哥、摩洛哥、日本等几个不同的国度呈现了共同的现代病：夫妻关系的冷淡，父女沟通的障碍，兄弟的背叛，雇主与雇员间的不信任，等等。电影让人感到，在世界不同的角落，不同阶层、不同种族的人们在交通与通信越来越便捷的时代，相互之间的距离却越来越远。人类走到今天，仿佛离齐心协力共同建造通天塔的这一理想也越来越远。

通过这部电影，可以思考现代社会中人与人的关系、人与社会的关系，以及现代人之间的疏离、猜忌的状态与社会发展之间的关系，并联系中国传统文化中的“差序格局理论”与“民胞物与”思想，探讨由“己”(自我)向外推出的人伦关系及人与万物共情之心是否具有现实意义。

5. 美国电影《楚门的世界》(*The Truman Show*)

美国导演彼得·威尔(Peter Weir)的《楚门的世界》是一部充满哲理的电影。楚门(Truman)从小生活在巨大的摄影棚中，他的成长过程甚至恋爱、婚姻都是被设计好的，供全世界的观众观看。在经济利益几乎可以驱动一切的“地球村”，科技与知识让电子媒介迅速普及，让人可以肆无忌惮地消费自己与他人的隐私、自由与生命，大家以窥看真人秀为乐，直到有一天楚门发现真相并试图走出影棚……

通过这部电影，可以思考人与自我、人与技术之间的关系。在这个由科技与资本推动的消费与狂欢的时代，人是否越来越沦为知识的工具、理性的奴隶，是否正在失去人性的光辉？

6. 迪士尼电影《疯狂动物城》(*Zootopia*)与四川小镇郎木寺

2016 年热映的迪士尼动画《疯狂动物城》，原名 *Zootopia*(动物乌托邦)。该片描绘了一个动物们互相尊重、互相欣赏、互相融合的理想社会，也表达了对种族歧视和固有偏见的反思。很明显，电影制作者们将自己对美好社会的期许寄托在了这部电影中。联系现实，当今世界各个民族、各种文化互相渗透与影响，随之而来的冲突也与日俱增，而一个不以单一的文明为标准，各个民族、各种文化和平共处、互相融合、协调发展的社会才是人们所期许的。

在四川与甘肃的交界处有一个叫郎木寺的小镇，一条白龙江穿镇而过，江的南边属于四川，北边属于甘肃，在这个小镇上，两座藏传佛教寺庙与一座伊斯兰教清真寺和平共处了数百年。更让人称奇的是，它名扬海外是因为 20 世纪美国人罗伯特·埃克瓦尔（Robert B. Ekvall）的游记回忆录《西藏的地平线》(*Tibetan Skylines*)，书中详细记载了他在此处的生活经历。

联系电影与实例，可以思考儒家文化中的“和而不同”思想的现实意义，探讨中华文明的包容性、连续性等特征是否与“和而不同”的理念有相当的关系，并进一步思考，多民族文化融合与中外文化交汇对中华文明发展的重要意义。

7. 陆川电影《可可西里》《我们诞生在中国》

《可可西里》是由陆川执导的一部电影，于 2004 年上映，电影里的巡山队长日泰和他的队员们为了保护濒临灭绝的藏羚羊，在气候寒冷、空气稀薄、含氧量极低的人类生存“禁区”可可西里与盗猎分子展开生死对决。这部电影反映了保护野生动物巡山队真实的际遇，体现了普通人的家国情怀与对自然的责任感。而选择此题材进行拍摄的陆川剧组，也为了这一理想，在高寒缺氧的自然环境中长时间作业，许多人的身体都因此留下后遗症。这种为天地发声、对人性反省的精神也同样是家国情怀与责任感的体现，同样感人肺腑。令人欣慰的是，这部影片唤起了人们对藏羚羊的保护意识，在随后的十几年时间里，藏羚羊的数量从九千多只增长到了十几万只。

2016 年，陆川又与来自英、美的优秀野生动物摄影师们携手，推出了耗时 3 年完成的《我们诞生在中国》，讲述中国独有的、濒危的野生动物雪豹、大熊猫与金丝猴的故事。可以说，这类题材的电影，从构想到拍摄成功，也是“天人合一”“民胞物与”“圣贤人格”等思想的现代表达。毋庸置疑，导演的作品中所展现的人文关怀，弥足珍贵。

文本阅读

1.《〈万古江河〉后言》(节选)

许倬云

走过了数千年的历程，中国文化经过了无数的起起伏伏，这一文化圈的中国人也体验了无数的悲欢离合。反顾中国文化发展的轨迹，最可注意到是其兼容并蓄的胸怀；为此中国人遭逢外来异质文化时，常常能够吸收其精华，融入自己的文化体系。同时，若一个思想体系趋于独断，以致僵化时，常有内发的修正，使中国文化有更新的机会。

但是，最近一个半世纪的中国，在西潮冲击下蹒跚颠簸；中国人也因之对于文化的传承，由怀疑而至扬弃。中国文化几乎有可能在地球上消失。实际上，在19世纪以前，中国人自诩为天下之中，中国人的历史即文明的历史。19世纪以后，中国面对世界，不能不接受现实，于是学校的教科书有了“外国史”或“世界史”，与“本国史”或“中国史”成为两个平行的课程。自此，“内”与“外”、“自己”与“他者”，截然划分，竟似两个对立体；如果中外有所接触，大致又经常是两者之间的对立，甚至是彼此的冲突。……

然而，21世纪是一个全球化加速进行的时代。世界各地区之间，将难有区隔。中国曾经自成局面，俨然东亚天下的中心，中国文化的发展，也俨然有自己的过程。其实，中国从来不能遗世独立；中国的历史也始终是人类共同经验的一部分。在今天，如果中国人仍以为自己的历史经验是一个单独进行的过程，将不能准确地认识自己，也不能清楚地认识别人，必须要调整心态，从中外息息相关的角度，认识自己，也认识世界别处的人类。我们人类曾经同源，经过扩散于各处后，又正在聚合为一个共同的社会体。各处人类曾走过不同的途径，又终于走向共同的方向。我们曾经有过自己的历史，这些独特的历史，又终究只是人类共同历史中的不同章节。

…………

今天的全球化现象，也许竟是人类历史上最令人振奋的大事。在各种文化相激相荡时，人类社会终于走向天下一家，其中各文化体系的精粹，将成为全体人类的共同文化资源。经过这一转捩点，长期屈居从属地位的文化体系，不仅只是保存于博物馆中，而是重获活力，能与近来数百年的“主流”进行有意义的对话，并且由此对话匡救彼此的缺失。

…………

我们必须学会在互谅互信中，彼此扶助，相摘相将，完成人类文明另一次重大的突破。两千余年前的文明突破，几个文明先行的圣哲，为人类界定了存在的价值。这一次突破，在大崩溃、大破坏的危机之下，不仅要挽救人类濒于灭绝的大劫，也是为了具体落实那些圣哲界定的价值，使人类主宰了千万年的世界上，真的有了人类长久憧憬的新天新地，新的伊甸，真正天下为公的大同境界。

中国人在灾难之后，必须重新振作。巴颜喀拉山的雪水，在最近的未来必流入大洋。在彼此相通的海洋中，长江、黄河的水滴，将与别处的水滴混合。那时，中国的江水河水、印度河、恒河、尼罗河、波斯湾、红海、地中海、密西西比河、亚马孙河、刚果河……各处的水滴将在本来就分不开的大洋之中，难分彼此！万古的江河，不只属于中国，也属于全人类。

（选自许倬云，《万古江河》，湖南人民出版社，2017 年，第 537 ~ 540 页）

2.《中国文化对人类未来可有的贡献》（节选）

钱穆

中国文化中，“天人合一”观，虽是我早年已屡次讲到，惟到最近始澈悟此一观念实是整个中国传统文化思想之归宿处。去年九月，我赴港参加新亚书院创校四十周年庆典，因行动不便，在港数日，常留旅社中，因有所感而思及此。数日中，专一玩味此一观念，而有澈悟，心中快慰，难以言述。我深信中国文化对世界人类未来求生存之贡献，主要亦即在此。惜余已年老体衰，思维迟钝，无力对此大体悟再作阐发，惟待后来者之继起努力。今逢中华书局建立八十周年庆，索稿于余，姑将此感写出，以为祝贺。

中国文化过去最伟大的贡献，在于对“天”“人”关系的研究。中国人喜欢把“天”与“人”配合着讲。我曾说“天人合一”论，是中国文化对人类最大的贡献。

从来世界人类最初碰到的困难问题，便是有关天的问题。我曾读过几本西方欧洲古人所讲有关“天”的学术性的书，真不知从何讲起。西方人喜欢把“天”与“人”离开分别来讲。换句话说，他们是离开了人来讲天。这一观念的发展，在今天，科学愈发达，愈易显出它对人类生存的不良影响。

中国人是把“天”与“人”和合起来看。中国人认为“天命”就表露在“人生”上。离开“人生”，也就无从来讲“天命”。离开“天命”，也就无从来讲“人生”，所以中国古人认为“人生”与“天命”最高贵最伟大处，便在能把他们两者和合为一。离开了人，又从何处来证明有天。所以中国古人，认为一切人文演进都顺从天道来。违背了天命，即无人文可言。“天命”“人生”和合为一，这一观念，中国古人早有认识。我以为“天人合一”观，是中国古代文化最古老最有贡献的一种主张。

西方人常把“天命”与“人生”划分为二，他们认为人生之外别有天命，显然把“天命”与“人生”分作两个层次，两次场面来讲。如此乃是天命，如此乃是人生。“天命” 与“人生”分别各有所归。此一观念影响所及，则天命不知其所命，人生亦不知其所生，两截分开，便各失却其本义。决不如古代中国人之“天人合一”论，能得宇宙人生会通合一之真相。

所以西方文化显然需要另有天命的宗教信仰，来作他们讨论人生的前提。而中国文化，既认为“天命”“人生”同归一贯，并不再有分别，所以中国古代文化起源，亦不再需有像西方古代人的宗教信仰。在中国思想中，“天”“人”两者间，并无“隐”“现”分别。除却“人生”，你又何处来讲“天命”。这种观念，除中国古人外，亦为全世界其他人类所少有。

…………

今仅举“天下”二字，包容广大，其含义即有，使全世界人类文化融合为一，各民族和平并存，人文自然相互调适之义。其他亦可据此推想。

（此文是钱穆去世前最后遗稿，原文载于《中国文化》1991年第1期，第93～96页）

3.《文化论中人与自然关系的再认识》（节选）

费孝通

二、

总而言之，在西方文化里存在着一种偏向，就是把人和自然对立了起来。强调文化是人为和为人的性质，人成了主体，自然是成了这主体支配的客体，夸大了人的作用，以至有一种倾向把文化看成是人利用自然来达到自身目的的成就。这种文化价值观把征服自然、人定胜天视作人的奋斗目标。推进文化发展的动力放在其对人生活的功利上，文化是人用来达到人生活目的的器具，器具是为人所用的，它的存在决定于是否有利于人的，这是现代西方的文化价值观念。

当然在西方现代思想中占重要地位的达尔文进化论肯定人类是自然世界的一部分，从较低级的动物的基础上发展出来的一种动物。但这种基本科学知识却被人与人之间的利己主义所压制了，在进化论中强调了物竞天择的一方面，也就强调了文化是利用自然的手段。由此而出现的功利主义更把人和自然对立了起来。征服自然和利用自然成了科学的目的。因此对自然的物质方面的研究几乎掩盖了西方的科学领地。甚至后起的对人的研究也着重于体质方面，研究人心理的科学也着重在人体中神经系统的活动，即所谓行为科学，可见西方科学发展史上深深地受到其文化价值观的制约。

忽视精神方面的文化是一个至今还没有完全改变的对文化认识上的失误。这个失误正暴露了西方文化中人和自然相对立的基本思想的文化背景。这是“天人对立”世界观的基础。

在这里还应当指出，上面所说“天人对立”的世界观中的“人”字还应当加以说明，这里的“人”字实在是指西方文化中所强调的利己主义中的“己”字，这个“己”字不等于生物人，更不等于社会人，是一个一切为它服务的“个人”。在我的理解中，这个“己”正是西方文化的核心概念。要看清楚东西方文化的区别，也许理解这个核心是很重要的，东方的传统文化里“己”是应当“克”的，即应当压抑的对象，克己才能复礼，复礼是取得进入社会、成为一个社会人的必要条件。扬己和克己也许正是东西方文化差别的一个关键。

…………

这里必须强调社会人靠群体而存在，群体是由生物人聚集而形成的，生物人聚成了群体，构成了社会，才发生社会人，从个别来看，生物人的生死也是社会人的生死，没有生物人，社会人也就没有了载体，但是从群体来看，生物人的生死是前后差序不齐的，这就是我在《生育制度》一书中所指出的社会继替的差序格局。这使得生物人所创造的文化（文化之内包括群体的社会组织和制度）都可以持续往下代传递。除非整个群体同时死亡，文化在群体中是可以持续传下去的。还应当说文化包括它物化的器材和设备，可以不因人亡而毁灭。过一段时间，即使群体已灭亡了，如果有些遗留下来的物化的文化还有被再认识的机会，它还是可以复活的。所以文化的自身里有它超越时间的历史性，文化生命可以离开作为它的载体的人（包括生物人和社会人）而持续和复兴。这是文化的历史特性。因此我们有“考古学”这门学科。

四、

强调重新认识文化的社会性和历史性，可以帮助我们调整文化的价值观。我在上文中讲到了我认为西方文化里，从大多数民众来说，存在着严重的以利己个人主义为中心的文化价值观。这种文化价值观从以往的历史来看，二百多年来曾为西方文化取得世界文化的领先地位的事业里立过功。但是到了目前，我担心它已走上了转折点，就是由于形成了人和自然对立的基本观点，已经引起了自然的反抗，明显的是当前人们已感到的环境受到的污染确是带来了人们生活的困难。可以说这只是自然在对我们征服自然的狂妄企图的一桩很小的反抗的例子。讲得大一点就是人类已经有所觉悟而对此做出的保护环境的绿色革命。但是可悲的是最近提出的这类世界性的保护环境的公约没有能得到国际上的一致支持。

“9·11”事件发生后全世界人们都惊觉了，这在我看来是个对西方文化的又一个严重警告，我在电视机前看完这场惨剧的经过后，心里想，西方国家特别是受难国一定会追寻事件发生的根源，进行深刻的反思，问一问这是不是西方文化发生了问题。当然，这是我个人的一种私自的反应。但是我的私愿落空了。事件发生后事态的发展使我很失望，我对一般的“以牙还牙”报仇心理是可以理解的，这是人类甚至动物的原始性的心理反应。但是接着却把事件当作刑事案件来对待，缉拿凶手成了主要对策。凶手找不到就泄愤于被指为嫌疑对象的所在国，进行了不对等的战争，并利用现代科学所创造的武器对嫌疑犯所在的国家进行狂炸滥轰。以反对恐怖主义的正义名义进行的这场战争造成了大批无辜人民的死亡和遭殃。在我看来这是以恐怖手段反对恐怖主义的一个很明白的例子，是不是应了我们中国力戒“以暴易暴”的古训？这是我这信息不灵通的老人的私见，但也许可以联系上我在前面所讲的西方文化的“天人对立”的价值观来看这段历史，而觉得西方文化的价值里轻视了文化的精神领域，不以科学态度去处理文化关系，是值得深刻反省的。

我想接下去继续在对文化的思考上说几句关于东西方文化不同之处的问题。我着重说了西方文化的价值观中人和自然的关系，因为这正是东西方区别的要害处。我私人认为西方文化强调的人利用自然而产生促进技术发展的自然科学在这一点上是有别于传统的东方文化的。同时也正反衬出东方文化着重“天人合一”的传统。这里的“天”字应作为自然解，我在这次讲话一开头就介绍了我的学历是个从小在洋学堂里培养出来的知识分子，所以缺少了一段中国传统的经典教育。我没有进过私塾，坐过冷板凳，对中国传统文化缺乏基本的训练，但是在业余时间也受到了上一代学者关于国学研究的影响，而且在学校里上学时已听到过“天人合一”的说法，但当时并没触及我的思想深处。直到最近这几年，90 岁以后，才补阅我故乡邻县无锡出生的钱穆（宾四）先生的著作。他是个热衷于“天人合一”论的历史学者，据说在他快要弃世之前不久曾对他的夫人说，他对“天人合一”有了新的体会，而且颇有恍然大悟之感，但所悟的内容却没有机会写成文字留给我们这些后代。正是记起了这件事，使我也注意到文化价值观方面东西方文化的差别。当前西方文化中突出的功利追求和着重自然科学的发展的根源，也许从根本上看就在这“天人对立”的宇宙观。我在这里不由得不重又想起钱穆先生所强调的从“天”“人”关系的认识上去思考东西方文化的差异。这么一思考也使我有一点豁然贯通的感觉，中华文化的传统里一直推重《易经》这部经典著作，而《易经》主要就是讲阴阳相合而成统一的太极，太极就是我们近世所说的宇宙，二合为一是个基本公式。“天人合一”就是这个宇宙观的一种说法。中华文化总的来说是反对分立而主张统一的，大一统的概念就是这“天人合一”的一种表述，我们一向反对“天人对立”，反对无止境地用功利主义态度片面地改造自然来适应人的需要，而主张人尽可能地适应自然。这种基本的处世的态度正是我的老师潘光旦先生提出的“位育”的观点，“位育”就是“中庸之道”，对立面的统一靠拢，便使一分为二成为二合为一，以达到一而二、二而一的阴阳合而成太极的古训。

我们中华文化的传统在出发点上和西方文化是有分歧的，目前在经济上进入全球化的时代出现了文化的多元化，这一阶段大家关心的是多元化文化不要互相冲撞而同归于尽。……我在这个局面中想到了东西方文化的处境，敲敲警钟以保卫世界和平，祝愿我们当前还存在着差别的多元文化能在各自的发展中走向能和平共处的世界。

二〇〇二年五月五日

（原文载于《群言》2002 年第 9 期，第 14 ~ 17 页）

4.《中国文化要义·第六章》，梁漱溟，上海人民出版社，2013 年，第 102 ~ 110 页

（正文略）

5.《中华文化十二讲·第七章》，钱穆，九州出版社，2011 年，第 95 ~ 99 页

（正文略）

6.《乡土中国》，费孝通，北京出版社，2005 年，第 29 ~ 40 页

（正文略）

思考题

1. 对于人类社会来说，信仰的意义是什么？

思考指引：理解信仰、宗教的具体含义，认清信仰与宗教的关系。

2. 按照马克斯·韦伯的观点，西方国家能自发进入现代社会，与他们的信仰有怎样的关系？

思考指引：思考韦伯所认为的信仰与经济发展之间的关系，以及新教伦理与资本主义经济发展之间的联系。

3. 我国发展到今天面临的现代化问题有哪些？

思考指引：联系许倬云与费孝通的观点，从环境污染、贫富差距等现实问题去思考。

4. 儒家思想在现代社会有哪些意义？

思考指引：深入分析“天人合一”“民胞物与”“圣贤人格”“和而不同”等儒家思想在现代社会可能发挥的作用。

推荐书目

1. 梁漱溟，《中国文化要义》，上海人民出版社，2013 年。
2. 钱穆，《中华文化十二讲》，九州出版社，2011 年。
3. 许倬云，《万古江河》，湖南人民出版社，2017 年。
4. 费孝通，《乡土中国》，上海人民出版社，2006 年。
5. 宗白华，《美学散步》，上海人民出版社，2019 年。

第七章 中国文化的海外传播

理论关键词

1. 汉学与中国研究

“汉学”与“中国研究”是来自西方学术界的一对概念。“汉学”对应的英文写作“Sinology”，法语写作“Sinologie”。其共同的前缀“Sino”，一说来自汉语的“秦”，是古代阿拉伯人在与欧洲交流过程中对于“秦”的称谓。在普通意义上，汉学，或“Sinology”，又被称为传统汉学或古典汉学，指对中国古代语言、历史、哲学、文学和文化等领域的研究。根据目前学术界所掌握的材料来看，在西方，作为一门学科的“汉学”概念出现于19世纪。1814年12月11日，法兰西学院(College de France)设立汉学讲座，法国汉学家雷慕莎（Jean Pierre Abel Remusat）主持该讲座。这被认为是汉学学科在西方学术史上的起点。此后，随着近代以来西方各国以及日本同中国交往的展开与深化，汉学逐渐成为一门显学。

“中国研究”所对应的英文术语为“Chinese Studies”。这不仅仅是术语层面的变化，同时也体现出海外汉学在学科内涵和学理特征层面的转变。进入20世纪之后，以美国学者费正清（John K. Fairbank）为代表的美国学者，将传统汉学研究的外延扩大到近现代中国政治、经济、外交、国际关系、社会研究等领域中去，在研究方法上也从传统汉学的文献研究和文本翻译等手段扩大到历史学、社会学的研究范式上，以更为综合的学术观念展开对于近代中国的全面研究。这一转变的核心在于，传统汉学主要以语言、文学、文化这几个领域来界定自身的研究范畴，而新的研究思路，则是以国别和区域作为划分手段，在中国这个国别之下，综合采取各种研究路径，形成问题更加宏大且包罗古今的研究成果。为了同传统汉学相区别，这一新的研究范式被命名为“中国研究”，即“Chinese Studies”。

需要特别注意的是，一般而言，“汉学”和“中国研究”被理解为中国之外的学者对于中国的研究。这些研究成果也往往以中文之外的语言写成。从这两个概念本身出自西方学术界的历史事实来看，这种理解是成立的。但是，如果将中国研究视作以中国为对象的研究，那么中外学者所开展的研究针对的是同一对象，属于同一领域。随着中外学术交流越来越频繁，中外学者的学术圈也逐渐产生交集并相互融合，中国学者使用外语发表成果和外国学者使用中文发表成果的情况也越来越多见。在这种情况下，以学者的国籍或成果所使用的语言来界定“中国研究”则不免有割裂学术之弊端。学术研究本身并没有国界之分。当中外学者都在展开对于中国问题的研究的时候，则中西学术已经连成一片，这可谓当代国别区域研究视野下的“中国研究”之新的内涵。

2. 汉字文化圈

汉字文化圈指历史上受到中国文化影响的东亚或东南亚国家。这一概念也用“东亚文化圈”（East Asian Cultural Sphere）或“中国文化圈”（Chinese Cultural Sphere 或 Sinosphere）来表述。除中国之外，汉字文化圈包含历史上接受中国中原王朝册封或向其朝贡的周边国家或民族。由于这一原因，这些国家或民族引进或效仿中国的政治制度、思想观念，并在文化生活的各个领域学习或模仿中国。在这些国家中，日本、韩国、朝鲜、越南都具有深厚的汉字文化传统。同时，也有不少同中原文化关系密切，处于汉字文化圈中的国家或地区使用本民族的语言和文字系统。因此，在面对这种情况的时候，使用“东亚文化圈”这一术语更为合适。

不论如何表述，该术语所强调的内涵是比较明确的。历史上，中原各朝代政权及以汉字作为载体和表征的中国文化对东亚或东南亚国家产生了重要的影响。早在秦朝时，秦始皇就设立象郡，将今天的越南北部地区纳入其疆域。汉初南越武帝赵佗割据岭南，版图延伸至今天越南北部和中部的大部分地区。魏晋南北朝时期，朝鲜半岛的高句丽同东晋交往，百济亦与东晋和南朝政权关系密切。5世纪中期，日本岛上大和国与南朝建立朝贡关系。佛教及儒学、易学等通过百济传入日本。至唐代，统一朝鲜半岛的新罗全面模仿唐制，科举考试指定儒家典籍，并大量派遣留学生到长安学习。这一时期的日本同样也积极、全面地学习中国，派遣大量留学生和僧人来华学习，并且在政治体制、地方管理、考试制度和土地田赋等方面模仿唐制。唐朝在越南设立安南都护府，管辖越南地区。北宋时，越南丁朝统一国境，向北宋通好纳贡。明朝是中国文化输出的又一个高峰。明成祖遣使四方，朝鲜士人纷纷赴中国参加明朝的科举考试。明朝在越南设立交趾布政使司、安南都统使司。

在汉字文化圈中的各个国家的文化具有相似性和传承关系。其统一的来源都是中国文化。这是历史上中国文化向海外传播并产生深远影响的重要史实。

3. 跨文化交际

在今天这样一个全球化的时代，跨文化交际成为一项非常突出的社会活动。简单来讲，所谓跨文化交际，就是具有不同文化背景的人们之间的交往行为。这一交往行为在当今时代变得越来越普遍。现代意义上的跨文化交际首先有赖于交通工具和通信技术的极大发展，同时它也是经济全球化的必然产物。随着国际合作与交流程度的提高，不同文化背景的人群流动变得越来越频繁，这些都是使得今天的跨文化交际变得广泛且深入的重要原因。

按照学术界对于跨文化交际所给予的定义来看，跨文化交际具有如下一些重要特点。首先，跨文化交际的人群来自不同的文化背景。这种不同体现在两个方面。一方面存在于不同国家或民族之间，另一方面存在于同一国家和民族中不同身份和背景的人群之间，如不同性别、年龄、职业、地域、文化水平等。其次，跨文化交际是通过象征性符号作为手段而实现的。换句话说，跨文化交际的过程是符号交换的过程，其实质是符号的象征性意义的交换。再次，跨文化交际是动态的，交流双方以及交流过程都随交流行为的语境发生改变，同时，这种交流也是双向互动的。最后，也是很重要的一点，即跨文化交际的目标不是扩大分歧，而是达成象征性意义的共享，即文化背景不同的双方，通过跨文化交际行为对双方文化符号的象征性意义达成理解。①从这个角度讲，跨文化交际的目的具有建设性。

4. 文化传播

作为一个学术概念，文化传播需要放到传播学这个社会学理论下来进行理解。在传播学的视野当中，传播同信息和社会两个因素密切相关。从最普遍的意义来看，传播是一种互动行为。这种互动依赖符号的交换与共享，并将符号所象征的意义进行传递，在传递的发出者和接受者之间施以相互的影响。而符号和意义的统一体就是信息。在这个意义上，传播就是信息的传递和共享。

在此基础上，传播还同人类社会有关。广义地看，信息是一切物质的普遍属性。自然现象，动植物的生物特征，以及人类社会都具有信息的特征。但是，传播学作为一门社会科学，其主要讨论的对象还是人类社会中的信息交换及其传播活动。因此，传播考察的是社会信息而非其他自然信息或非人类信息。而社会信息不同于后两者的核心方面在于其关涉人类的精神活动和心理活动，即人类的态度、情感、价值判断、意识形态，等等。同时，社会信息的物质载体即社会符号，也是人类精神的创造物，反映的是人类的社会属性。因此，在结合了信息和社会这两个因素之后，传播的定义即为人类社会信息的传递或社会信息系统的运行。②

文化是人类社会的重要内容。结合上述对于传播的定义，我们可以总结出对于文化传播的理解，即人类社会中文化信息的传递或与文化相

---

① 祖晓梅，《跨文化交际》，外语教学与研究出版社，2015 年，第 3-6 页。

② 郭光庆，《传播学教程》（第二版），中国人民大学出版社，2011 年，第 2-5 页。

关的信息系统的运行。文化信息的例子俯拾皆是。例如，在我国，以红色作为符号载体，可传达繁荣兴旺的含义，或者以水来表达刚柔并济的中国智慧等。这类具有文化内容的信息在人类社会中的传递和运行，这就是文化传播所研究的对象。

5. 比较文学

比较文学是一个文学研究的概念。在西方学术界，这个术语出现的时间最早可以上溯至 19 世纪初期。在此之后，西方学术界出现了以影响研究为基本主张的法国学派，和以平行研究为主张的美国学派。法国学派的奠基人梵·第根（Paul Van Tieghem）认为比较文学是“把尽可能多的来源不同的事实采纳在一起，以便充分地把每一个事实加以解释；是扩大认识的基础，以便找到尽可能多的种种结果的原因”①。同属法国学派的卡雷（Jean Marie Carre）将这一理解再度精确化，他在为学生基亚的《比较文学》一书所撰写的序言中指出“比较文学是文学史的一支；它研究国际间的精神关系，研究拜伦与普希金，歌德与卡莱尔，司各特与维涅之间的事实联系，研究各国文学的作品之间、灵感来源之间与作家生平之间的事实联系”②。可以看到，法国学派的学者强调的是在不同文学现象之间发生的联系，或者影响。如果两种文学现象不存在事实上的联系，那么就不符合法国学派所理解的比较文学研究。

而此后的美国学派则提出了不同的看法。学者雷马克（Henry Remak）认为：“比较文学是超越一国范围之外的文学研究，并且研究文学和其他知识领域及信仰领域之间的关系。包括艺术（如绘画、雕刻、建筑、音乐）、哲学、历史、社会科学（如政治、经济、社会学）、自然科学、宗教等等，简言之，比较文学是一国文学与另一国或多国文学的比较，是文学与人类其他表现领域的比较。”③这一观点将比较文学的研究对象做

---

① [法]梵·第根，《比较文学论》，戴望舒译，商务印书馆，1937 年。转引自曹顺庆等，《比较文学论》，四川教育出版社，2002 年，第 37 页。

② [法]基亚，《比较文学》（1951 年初版序言），北京大学出版社，1983 年。转引自曹顺庆等，《比较文学论》，四川教育出版社，2002 年，第 38 页。

③ [德]雷马克，《比较文学的定义和功用》，载《比较文学研究资料》，北京师范大学出版社，1996 年。转引自曹顺庆等，《比较文学论》，四川教育出版社，2002 年，第 39-40 页。

了扩大，使得比较文学的研究几乎无所不包。

在法国学派和美国学派之后，中国学者也基于中国文学的学术立场和中西文学交流的视野，提出了比较文学的定义。“比较文学是以世界性眼光和胸怀来从事不同国家、不同文明和不同学科之间的跨越式文学比较研究。它主要研究各种跨越中文学的同源性、类同性、异质性和互补性，以影响研究、平行研究、跨学科研究和跨文明研究为基本方法论，其目的在于以世界性眼光来总结文学规律和文学特性，加强世界文学的相互了解与整合，推动世界文学的发展。”[①]此定义在法国学派和美国学派的观点之上，增加了对文学异质性和互补性的研究，同时在研究方法上增添了跨文明研究。中国学者所提出的比较文学概念，对于讨论中国文学与文化走向世界具有积极的理论意义。

6. 陆上丝绸之路

从广义上讲，陆上丝绸之路指连接欧亚大陆北部的商路。这些商路在西汉之前就已经因为物品交换的需要而被开辟。生活在中国、中亚和中东地区的人们从各自生活的国家向着不同的方向开拓出大大小小的道路网络。这些道路可以被认为是中外交通的早期路径。

专门意义上的陆上丝绸之路指西汉时期汉武帝派遣张骞出使西域所开辟出来的陆上通道。这条通道以汉代长安（今西安）为起点，经关中平原、河西走廊、塔里木盆地，到中亚锡尔河和阿姆河流域，并最终连接地中海各国。作为一个术语，“丝绸之路”来自德国地理学者费迪南·冯·李希霍芬（Ferdinand von Richthofen）。

汉武帝最初派遣张骞出使西域的目的是联合大月氏共同钳制匈奴，但当张骞历经艰险回国向汉武帝报告关于西域的详细情况之后，汉朝对西域的政策转变为扩大国威，鼓励商贾。汉宣帝时期，汉朝设立西域都护府，成为对西域进行直接管辖的机构，由此，丝绸之路作为东西方的交流之路进入繁荣时代。在丝绸、瓷器等中国商品输入之外，文化方面

① 曹顺庆等，《比较文学论》，四川教育出版社，2002 年，第 47 页。

的中西交流也是丝绸交通的重要内容，其中最有代表性的是中国的造纸术和印刷术的西传。

我国西汉时期已经出现了纸，到东汉时期，由蔡伦进行改进。此后到公元8世纪，仅只有东亚和东南亚部分国家具有造纸技术。直到唐代，造纸术才沿着丝绸之路传播到中亚，再经此地传入西西里岛和伊比利亚半岛，最终进入西欧和中欧。印刷术也是经由丝绸之路传到西方。在敦煌、吐鲁番等地，发了现用于印刷的木刻雕版和部分印刷品。这些发现说明，公元8世纪印刷术至少传播到了中亚地区。13世纪，欧洲传教士和使节沿着丝绸之路来到元朝，学习了印刷技术并将其带回欧洲。陆上丝绸之路沿线的考古实际很好地证明了中西文化的交流和中国文化对于西方文明的贡献。

7. 四大发明

中国最早的“纸”有丝帛、竹简、树皮等，但要么昂贵要么不便，到西汉时期渐渐出现了一些古纸片，通过技术积累，直到东汉，蔡伦改进了造纸术，制成更精细的纸。中国的造纸术在7世纪经朝鲜传到日本，8世纪中叶传给阿拉伯人，到12世纪欧洲才仿效中国的方法开始设厂造纸，摆脱了羊皮卷的限制，为西方人的思想解放起到了重要作用。

雕版印刷术发明于唐朝，活字印刷术出现在宋代。15世纪，德国人谷腾堡受到中国印刷术的启发，发明了金属活字印刷术，在欧洲产生很大影响。

火药的研究始于中国古代道家的炼丹术，无心插柳，促成了火药的发明。宋朝时期为抵御北方游牧民族，中国人还由此发明了火枪等原始管形火器。13世纪欧洲人经蒙古人学到了中国火药制造技术，由此火器不仅成为资产阶级崛起的工具，也成为他们征服世界的利器。

指南针的发明，是中国古代劳动人民在长期的生产劳动实践中对物体磁性认识的积累的结果。中国是世界上公认的最早发明指南针的国家。在春秋战国时期，人们就用天然磁石制成了司南。普遍认为，指南针是

12 世纪时从中国经阿拉伯人传到欧洲的。这为 15 世纪欧洲人的大航海活动提供了必要条件。

马克思在《机器。自然力和科学的应用》中写道："火药、指南针、印刷术——这是预告资产阶级社会到来的三大发明。火药把骑士阶层炸得粉碎，指南针打开了世界市场并建立了殖民地，而印刷术则变成新教的工具，总的来说变成科学复兴的手段，变成对精神发展创造必要前提的最强大的杠杆。"①

8."中国热"

15、16 世纪，随着欧洲人对外殖民、扩张，东西方的长期隔绝状态被打破了。尤其是商人和传教士的来华活动，以及商人们带回去的大量的精美中国商品和传教士撰写的关于中国国情、文化、社会制度等方面的书籍，为欧洲人展示了一个新奇世界。到了 17、18 世纪，就形成了一股风靡欧洲的"中国热"。

17、18 世纪的"中国热"可以分为两个层次。首先是物质层次的，如丝绸、服饰、扇子、轿子、茶具、瓷器、漆器等生活物品和生活方式上的中国元素的涌现和盛行，表明当时欧洲人对中国的钦羡和向往。更进一步的是在精神思想层面，如欧洲学者们对中国文化、中国制度、中国思想等方面的积极探索和思考。

9."颂华派"与"贬华派"

17、18 世纪，来华传教士和商人的书信和游记，在相当程度上满足了当时身处"中国热"的欧洲人对中国在精神层面的好奇心。但是，这些书信和游记难免带有一些个人主观性的描述和评论。比如，耶稣会士为了争取欧洲对其在华传教事业的持续支持，而倾向对中国进行一定程度的美化。在当时欧洲出现了一大批赞颂中国、把中国理想化的学者和思想家，莱布尼茨、伏尔泰、魁奈等都是"颂华派"的重量级人物，

① 马克思，《机器。自然力和科学的应用》，人民出版社，1978 年，第 67 页。

他们赞美中国文化，把中国看作当时欧洲应该学习和效仿的楷模。

“颂华派”占主流地位的状况到 18 世纪末在欧洲起了较为明显的变化。原因是多方面的。耶稣会士之后的一些传教士和商人笔下的中国形象则时有不美之处，这在 18 世纪末就引起了一些欧洲人对中国完美形象的怀疑。再加上由于“中国礼仪之争”及其后续的雍正禁教，导致欧洲在华传教事业的中断。同时欧洲人的注意力和兴趣转移到了其他国家，如土耳其、埃及、印度等。更有马戛尔尼使团的报告，颠覆性地改变了欧洲人对中国的感性的美好印象……这些因素的合力导致一些欧洲学者和思想家对中国形象进行怀疑、深究、批评，孟德斯鸠、狄德罗、卢梭等就是“贬华派”的代表人物。

无论如何，“颂华派”和“贬华派”两个阵营，都接受了中华文化不同层面的影响，并把对中国的认识和见解融进自己的思想体系中，最终成为西方政治及学术思想的重要组成部分。

10. 重农学派

重农学派是 18 世纪 50 至 70 年代法国古典经济学派，被马克思称为“现代政治经济学的真正鼻祖”，其代表人物是魁奈和杜尔哥，他们都深受中国文化和思想的影响。

重农学派以自然秩序为最高信条，把农业视为财富的唯一来源和社会一切收入的基础。重农学派认为人类社会和物质世界一样，都存在着不以人们意志为转移的客观规律，这就是自然秩序。如果人们正确认识自然秩序并按其规律规范人为秩序，这个社会就处于健康状态；反之，则社会就处于病弱状态。就如同荀子在《天论》中所言：“天行有常，不为尧存，不为桀亡。应之以治则吉，应之以乱则凶。”重农主义的自然秩序学说，首次在欧洲确认了人类社会存在着客观规律，从而为西方政治经济学提出了认识客观规律的任务。纯产品学说是重农主义理论的核心。他们认为财富是物质产品，财富的来源不是流通而是生产，并且只有农业能生产财富（工业和商业都仅仅是财富形态的变化而已）。重农学派还在经济上首次提出了自然法则、自由放任的思想，但其思想来源与道家思想也有一定的联系。

《老子·德经·第五十七章》言："故圣人云：'我无为，而民自化；我好静，而民自正；我无事，而民自富；我无欲，而民自朴。'"这是老子"无为而治"思想的重要阐述。魁奈对中国政治经济思想的继承，在其很多思想中都能发现，最重要的就是"无为"——译为法语就是"自由放任"（laissez-faire）。《国富论》作者、"古典经济学之父"——亚当·斯密，其自由市场经济理论就深受自由放任思想的影响。其后的法国经济学家萨伊也是自由放任政策的追求者，他创立的萨伊法则（即自由市场法则）使亚当·斯密的经济学说通俗化和系统化，将西方自由经济推到了高潮。

11. 科举制

1905年《时报》一篇文章中有这样一段话："革千年沉痼之积弊，新四海臣民之视听，驱天下人士使各奋其精神才力，咸出于有用之途，所以作人才而兴中国者，其在斯乎。"这是为科举制的废除而发出的欢呼。然而，延续了1300多年的科举制真的就是"千年沉痼"吗？我们应该更加客观而辩证地从历史发展的角度来看待这个问题。

追溯中国古代的官爵等级制度，在西周时期大概采用世卿世禄制度，世世代代、父死子继，也就是官爵的获得不靠能力、学识而仅靠出身。汉朝的察举制也有着相当程度的主观性并且受门第因素制约，难免最终流于形式，今天人们所熟悉的《桓灵时童谣》"举秀才，不知书。举孝廉，父别居。寒素清白浊如泥，高第良将怯如鸡"，就是最好例证。魏晋南北朝开始实行的九品中正制，最终成为门阀士族的选举工具，"上品无寒门，下品无士族"成为社会现实。而从隋朝开始实行的科举制，是通过考试选拔官吏的制度，允许自由报考，主要以成绩定取舍，极大程度地改善了之前的用人制度，彻底打破血缘世袭关系和世族的垄断，使部分社会中下层有能力的读书人通过科举考试，拥有了进入社会上层、施展才智的机会，即"朝为田舍郎，暮登天子堂"，这既提供了社会各阶层之间流动性，又维护了社会的稳定性。钱穆曾评价说："科举制度显然在'开放政权'，这始是科举制度内在意义和精神生命。"①

① 钱穆，《中国历代政治得失》，九州出版社，2012年，第59页。

当然，科举制不断演变和固化，也严重束缚了应考者的创造性思维，并导致古代中国从事科学技术研究的人才力量相对薄弱，一定程度上造成了近代中国科学发展的落后局面。但科举制作为世界延续时间最长的选拔人才的办法，它的出现本身就是一种社会进步，并且对中国在内的汉字文化圈诸多国家影响深远，对欧美国家也产生了一定的影响。

1853 年，查理 ·特里威廉（C. E. Trevelyan）和斯塔福德 ·诺斯科特（Stafford H. Northcote）两位爵士，向国会提交了《关于建立英国常任文官制度的报告》（即《诺斯科特-特里威廉报告》，*Northcote-Trevelyan Report*），主要观点就是建议学习、实行中国的科举制度，通过公开、竞争性的考试手段来招聘官员。此报告为英国现代公务员考试制度的正式建立奠定了基础。1870 年英国发布枢密院令，在此报告的基础上，以法律形式正式确立了英国通过考试选拔人才的现代公务员制度。

美国基督教新教教会长老派传教士丁韪良 1868 年在美国召开的美国东方学会（American Oriental Society）会议上宣读了题为《关于中国的竞争考试》（*Competitive Examination in China*）的论文。文中他极力建议美国政府像新近实行文官考试的英、法、德等国一样建立文官考试制度，并向长期有效实行科举制的中国学习。

1871 年美国国会通过法案授权格兰特总统（Ulysses Grant，1869—1877）成立的文官事务委员会，在提交给国会的报告中表示，中国政府用考试来选拔官员是一种应该学习的优势。此后，美国国会于 1883 年通过了《改革美国文官制度的法案》（Civil Service Reform Act），又称《彭德尔顿法》（Pendleton Act of 1883），标志着现代公务员制度的最终确立。此法所奠定的美国公务员制度的基础，一百多年来始终没有发生根本性的改变，迄今仍在沿用，同时影响着世界各国公务员制度的建立和改革。孙中山先生也称："现在各国的考试制度，差不多都是学习英国的。穷流溯源，英国的考试制度，原来还是从中国学习过去的。"

案例分析

1. 费正清与汉学转向

费正清，中国历史研究学者，因其对于中国研究的提倡，被誉为美国汉学的开创者。1936 年，费正清在英国牛津大学获得博士学位。其学位论文的研究方向为近代中国沿海口岸及海关。这一研究最后以《中国沿海的贸易与外交：1842—1854 年通商口岸的开埠》（*Trade and Diplomacy on the China Coast：Opening of the Treaty Ports，1842-1854*）为题于 1953 年出版。

获得博士学位之后，费正清在哈佛大学执教，并开设东亚文明课程。此后，他还开创了“区域研究”（regional studies）的治学模式，并以此思路带领了传统汉学向中国研究的转向。传统汉学采取人文学术的研究路径，聚焦于对中国传统典籍的研读与翻译。而费正清所提倡的中国研究，一方面将研究对象更明确地集中于近现代中国，以期服务于当下的需要，另一方面采取社会科学的研究路径，在语言和文化研究方法之外，更加注重综合采取社会学、政治学、经济学、人类学的研究方法来研究中国。以近现代中国为对象的综合性和跨学科的研究逐渐得到了西方学术界的广泛接受和支持。这即是由费正清所开创的传统汉学向中国研究的转向。

2. 日本古京都的营造

古代京都的营造开始于公元 793 年，794 年定名为“平安京”，这里作为当时日本的首都，也同时被称为“京”或“京都”。平安京的营造深受中国城市建筑法式的影响，选址也是按照中国风水与四象配合的理论来进行。四象的玄武、苍龙、白虎、朱雀对应山川道泽，而平安京在这四个方位上分别有北边的船冈山、东边的鸭川、西边的山阴道和南边的巨椋池。整个都城为方形。城北端为被称为“大内里”的皇城。皇城之外的外郭城以朱雀大街为中轴线，一分为二，其形制模仿中国唐代长安和洛阳二都。朱雀大街东侧被称为左京洛阳，西侧被称为右京长安。整座城市呈棋盘形，东西向和南北向的道路将城市划分为若干坊。每坊又以纵横各三条小路划分成十六个町。每町以“四行八门制”建设房屋，理论上每町可居住 32 户人家。在左京洛阳和右京长安中，各有一个市场，被称为东市和西市。所有这些都说明，平安京的城市建设和布置规范都是学习和模仿唐代都城的结果。

3. 英文歌剧《红楼梦》

2016 年 9 月 10 日至 29 日，美国旧金山歌剧院上演英文版歌剧《红楼梦》。这是《红楼梦》这部中国古典文学名著首次以英文为语言载体、以歌剧为表演形式登上西方艺术舞台。这部歌剧的主创团队均为著名华人艺术家。作曲和指挥为盛宗亮，编剧为盛宗亮和获得过托尼奖的华裔剧作家黄哲伦，导演为赖声川，舞美设计为获得过奥斯卡奖的香港美术指导叶锦添。

英文歌剧《红楼梦》在情节上以宝、黛、钗三人爱情悲剧为核心内容，以政治斗争、宫廷纷争、财产争夺等其他情节为背景，以贾宝玉、林黛玉、薛宝钗、贾母、王夫人、贾元春、薛姨妈这 7 个人物串起整部歌剧的故事内容。歌剧的主创人员认为，他们的策略与其说是把一个中国故事搬上国际舞台，不如说是用国际化的方式讲述一个中国故事。因此，编剧在提炼原著精髓的时候，将焦点集中在宝、黛、钗的感情纠葛上，因为凄美不幸的爱情悲剧对所有人都具有吸引力。但是，在舞台表演方面，这出歌剧又融合了不少鲜明的中国元素。如歌剧的音乐部分，在交响乐伴奏的同时，使用了京剧中的锣、镲等打击乐；黛玉的角色也有一段演奏古琴的表演，以此表现这个角色含蓄内敛的情感。同时，整出歌剧的主要演员也由亚裔歌唱家组成。这些都使得这部歌剧成为中西文化、艺术融合的一个典范。

4. 好莱坞电影中的中国元素

近 20 年来，好莱坞的电影产业越来越重视中国电影市场的价值，因此在电影制作和发行方面也更多地引入对中国市场的考量，在电影内容中纳入中国元素。这一变化在电影发行方面的体现，是出现了一部影片两种版本的情况。具体而言，就是同一部电影有一个在北美或西方市场发行的版本，同时还有一个在中国市场发行的版本。后一种版本被称为“中国特供版”。

在电影内容方面，也有不少中国元素出现在近年来的好莱坞电影当中。无论是故事原型，还是电影人物和选角，抑或电影场景或道具，很多都具有明显的中国特征，体现出与中国的密切联系。一个非常突出的例子，就是迪士尼电影《花木兰》系列。从 1998 年的动画片《花木兰》到 2020 年的真人电影《花木兰》，都集中体现了西方对这个中国故事的喜爱和对其市场价值的挖掘。在电影人物设计上突出中国形象的另一个典型例子，毫无疑问是《功夫熊猫》系列电影。无论是主角阿宝，还是电影中的其他角色，都具有明显的中国形象特征。在电影场景上，令人印象深刻的，有《环太平洋》第一部和《攻壳机动队》真人版中的香港，《变形金刚 4》中的香港、武隆天坑等。近年来，作为植入广告在西方电影中以道具出现的经典中国产品也有很多，如腾讯 QQ、青岛啤酒、伊利舒化奶、蓝月亮洗手液、美特斯邦威服装、TCL 电器、剑南春酒、联想电脑等。

当然，如何看待好莱坞电影的“中国特供版”或电影内容中的中国元素是个更为复杂的问题。一方面，这固然可以认为是以好莱坞为代表的西方文化产业对中国的重视和对中国符号的兴趣。但另一方面，“中国特供版”电影与国际版内容上的差异，又不免让人认为是片方为了迎合中国观众和市场而有意为之的策略。因为无论如何，对于好莱坞的电影资本而言，成功地从中国观众手中赢得票房，才是其追求的最终目标。我们既不必对于大量出现在好莱坞电影中的中国元素感到莫名欢欣，也不必因为认清这一现实背后的资本运作而沮丧。在政策层面保障文化产品的生产机制，在商业层面培育文化产品流通的良好环境，才是鼓励和扶持中国文化产品走向世界所应走的道路。

5.《静夜思》英译 4 首

李白的《静夜思》以平实质朴的语言抒发亘古不变的思乡情怀。

这首诗在英语世界有很多种译文。不同的译者对于原作的理解有所差别，而各自的译文更体现出英语诗歌写作的不同特色。以《静夜思》的 4 首英文翻译为例，可以管窥英语学术界对于中国古典文学的不同译介风格。

第一首译文来自汉学史上的重要学者——英国汉学家翟理斯(Herbert A. Giles，1845—1935)。他的译文如下：

Night Thoughts

I wake, and moonbeams play around my bed,
Glittering like hoar-frost to my wandering eyes;
Up towards the glorious moon I raise my head,
Then lay me down – and thoughts of home arise.

翟理斯对中国古典文学、文化有深入的研究。他的这首译作熨帖自然，较为准确地传递了原文的意蕴。

第二首译文作者为英国外交官弗莱彻（William John Bainbrigge Fletcher，1879—1933)。其译文如下：

The Moon Shines Everywhere

Seeing the Moon before my couch so bright
I thought hoar frost had fallen from the night.
On her clear face I gaze with lifted eyes:
Then hide them full of Youth’s sweet memories.

弗莱彻本是英国驻上海领事，但他热爱中国文化，尤其喜欢中国古诗。从外交官职位上离任之后，弗莱彻赴广州中山大学，一生致力于中西文化的研究和交流。他的这首译诗采用拟人的手法形容月亮，将原作思乡的愁绪变成了怀人的浪漫。

第三首译文作者克莱默-宾（L. Cranmer-Byng，1872—1945）也是英国汉学家。他的译文如下：

Thoughts in a Tranquil Night

Athwart the bed
I watch the moonbeams cast a trail
So bright, so cold, so frail,
That for a space it gleams
Like hoar-frost on the margin of my dreams.
I raise my head, –
The splendid moon I see:
Then drop my head,
And sink to dreams of thee –
My fatherland, of thee!

这首译诗与众不同，在句式上采用了交替的长短句式，选词也比较古雅，在表达上较中文原诗多有发挥。通过匠心独运的选词和语象，形成了别样境界。

最后一首英译文由美国汉学家伯顿·华兹生（Burton Watson，1925—2017）译成。译文如下：

Still Night Thoughts

Moonlight in front of my bed –
I took it for frost on the ground!
I lift my eyes to watch the mountain moon,
lower it and dream of home.

这首译文紧跟原作，可以算得上是逐字翻译的范例。但也正是因为这样，作为一首诗歌，它显得韵味不足。

在中国文学作品走向世界的过程中，首先需要面对和讨论的问题就是文本的翻译。从翻译的难度来看，中国古典文学作品的外译较之中国现代文学作品的难度更大，从文体上看，诗歌这一文学性最强的体裁的翻译难度又大于其他体裁。从《静夜思》的4首英译可以看出这些问题，这也能引起我们对于中文作品外译的更多思考。

6. 张骞通西域

汉武帝刘彻即位时，张骞为宫中的郎官。有投降汉朝的匈奴人说，匈奴攻破月氏，将月氏王的头颅作为饮酒器。月氏部落逃遁而去，且对匈奴非常愤恨，但也苦于没有人能同他们一起攻击匈奴。汉朝此时正打算消灭匈奴，听闻此言，就打算派使节去往月氏，但是去往月氏的路途必须经过匈奴的地盘，于是招募能够担当此任的使者。张骞以郎官身份应征，出使月氏。张骞一行经过匈奴时，被匈奴人捕获，并报告给匈奴首领单于。单于将张骞一行扣留十多年，给他娶了妻子。张骞的匈奴妻子还给他生了孩子。但是张骞始终坚持汉节，不失自己使者的身份。

张骞居住在匈奴的西边边境，终于找到机会同自己的下属逃离匈奴。他们往西走了十余天，到达大宛。大宛王知道汉朝富饶，一直希望能够同汉朝来往而不得，见到张骞感到非常高兴，于是问张骞要到哪里去。张骞如实以告，并说如果能够得到大宛王的帮助去往月氏，今后自己返回汉朝的话，汉朝一定会送给大宛王数不清的财物。大宛王深以为然，于是派遣翻译和向导送张骞一行抵达康居。康居又将张骞一行送到月氏。然而这时月氏的情况已经发生了变化。月氏王被匈奴所杀之后，其夫人被立为王。月氏攻下了大夏，使大夏臣服于月氏。而且新的国土土地肥沃，没有外族侵袭，月氏人感到满足安乐，且认为自己现在离汉朝已经很远，没有同汉朝修好的必要，更没有向匈奴报仇的决心。

张骞在月氏逗留了一年多，始终得不到月氏王的明确表态，于是只好返程回到汉朝。在回去的路上，又被匈奴捕获。这一次在匈奴境内被扣留一年多，遇到匈奴单于死去，匈奴国内发生变乱，张骞一行终于找到机会逃脱，回到汉朝。张骞出使的时候带了一百多人，最终回到汉朝时，只剩他和另外一人了。

张骞回到汉朝后，向汉武帝禀报了出使的情况，尤其是西域各国的风土民情。其中他特别提到，在大夏见到过蜀地的出产。从张骞的报告中，汉武帝还得知，大宛、大夏、安息都是大国，有很多奇珍宝物，定土而居，其风俗与中国相同，但兵力较弱，贪图汉朝的财物。而北方的大月氏、康居等国，兵力强大，可以通过赠送财物、施之以利的方式使其来朝。假如可以施以利益而使得这些国家臣属汉朝的话，就可以拓展汉朝的疆域，招来习俗不同的人，在四海之内遍布大汉的威德。汉武帝认为张骞的话非常正确，觉得很高兴，于是派出更多的使者。张骞后来还被朝廷封为博望侯。张骞去世之后又过了一年多，当初他所派遣出使大夏等国的副使纷纷带着所出使国家的使者一同回到汉朝。就这样，西北各国同汉朝的来往开始了。因为张骞开通了去往西域的道路，所以后来出使外国的使者都被称为博望侯，以此取信于外国。

7. Wuxiaworld

Wuxiaworld 是世界上最大的亚洲小说英语译介网站，创立于 2014 年 12 月。网站主要译介的是中国和韩国的修仙、玄幻类网络小说，目标对象为西方英语文化圈的读者。网站创立者赖静平是一位从小在美国长大的华裔。因为逐渐接触到中国武侠小说之后，赖静平对中国武侠文化产生了强烈的兴趣，并随后开始在业余时间翻译中国武侠小说。后来他辞去工作，专注于 Wuxiaworld 网站的管理和武侠小说的翻译。

Wuxiaworld 网站不仅仅译介和连载各类武侠、仙侠小说，还辟有专门的板块介绍武侠文化。如在网站的“Resources”（资源）板块，就有专门介绍中国武侠小说或网络小说中的专有名词和人物关系的内容。这些引导性的内容很好地起到了介绍中国武侠小说和网络文学的作用。

今天中文世界的网络武侠、仙侠小说，是青年亚文化的一个典型代表。而 Wuxiaworld 对这些作品进行译介，在这一领域传播了中国文化，是中国文化在海外接受的范例。

8. 路易十四与“中国热”

在 17、18 世纪风靡欧洲的“中国热”浪潮中，法国国王“太阳王”路易十四可以说是引领这一潮流的领军人物。他富丽堂皇的凡尔赛宫里还陈列着许多远涉重洋的中国瓷器。据说在 1700 年，为迎接和庆祝新世纪的来临，路易十四在凡尔赛宫金碧辉煌的大厅里举行盛大的舞会时，就曾身着中国式丝绸服装，坐在一顶中国式八抬大轿里，闪亮登场，轰动欧洲。这正是当时欧洲“中国热”盛况的代表性事件。

9. 莱布尼茨与中国文化

博学的哲学家、数学家莱布尼茨（Gottfried Wilhelm Leibniz，1646—1716），是德国启蒙运动的先驱，同时也是欧洲较早接触中华文化并研究中国哲学的欧洲思想家之一。

莱布尼茨崇拜中国儒家哲学的自然神论，他在《论中国人的自然神学》（*Discourse on the Natural Theology of the Chinese*）一书中，对儒学中的“理”“鬼神”和灵魂观做了特别的解释，使它们更接近基督教的教义。此外，他认为中国哲学中所谓的“道”与他提出的哲学思想“单子”有共同之处。此外，法国传教士白晋向莱布尼茨介绍了《周易》和八卦的系统，在莱布尼茨眼中，“阴”与“阳”基本上就是他的二进制理论的中国版。

莱布尼茨极力褒扬中国文明，以此来表达他对欧洲基督教文明的失望：“我们的愚昧，使我们自身沉沦在不幸之中，同时对我们自身又创造了苦难。如果理性是一副清凉的解毒剂，那么，中国民族便首先是获得此药剂的民族。……现在如果有一圣贤要选一优秀民族加以奖励，那么他的金苹果的赐予，一定会落到中国人的身上。”[①]

10. 伏尔泰与卢梭的争论

法国启蒙思想家卢梭的《论科学与艺术的复兴是否有助于使风俗日趋纯朴》风靡欧洲时，清王朝正处于“康乾盛世”的顶峰。但卢梭预言清王朝必将垮台，理由有二：第一，中国竟然按照一个人是否能写得一手好文章来选拔官吏；第二，文化只是统治阶层拥有的一种特权。中国人引以为豪的士大夫文明，在很多情况下是脱离现实的。[②]

伏尔泰则完全反对卢梭的这种观点，他认为要对大众进行思想启蒙，

---

① [德]莱布尼茨，《中国近况》，转引自焦树安，《比较哲学》，中国文化书院出版社，1987年，第30页。

② 韩毓海，《卢梭与中国》，人民网，http://theory.people.com.cn/n/2014/0509/c384925-24997986.html。

就必须依靠文明的教化。伏尔泰根据元杂剧《赵氏孤儿大报仇》(简称《赵氏孤儿》),写出了剧本《中国孤儿》,1755 年在法国巴黎公演时万人空巷,好评如潮。

而在改编《赵氏孤儿》时,伏尔泰将原本发生在春秋时期的故事推迟到了元朝。伏尔泰对中国中原文化与文明的力量持肯定的态度。他认为在征服战争中,虽是蒙古人取得了胜利,最终建立了元朝,但文化与文明是不可征服的。剧中主角之一——成吉思汗,被伏尔泰塑造成一个最初崇尚武功、企图以暴力取胜,却最终被崇高的道义所折服,从而赞颂中原文化、文明的人。

伏尔泰正是借由《中国孤儿》等戏剧,希望观众能接受他推崇的儒家思想并肯定中国文化,进而认同他的启蒙思想。他对中国文化的痴迷与钻研也成为中法文化交流史上的一段佳话。

文本阅读

1.《红楼梦》中《西江月》词二首德庇时(Sir John Francis Davis)英译

《红楼梦》第三回的这两首《西江月》判词可谓是对小说主人公贾宝玉的两幅精彩画像。德庇时的这两首英译出自他研究中国古典诗词的专论《汉文诗解》(*The Poetry of the Chinese*)。在《汉文诗解》中,每一首译文都配上了译文据以翻译的中文原文。需要注意的是,这两首词在《汉文诗解》中的原文同《红楼梦》大多数版本的原文并不一致。这同《红楼梦》版本众多以及 19 世纪晚期汉学研究的现实状况有关。有兴趣的同学们可自行对比这两首词在《红楼梦》不同版本中的区别。

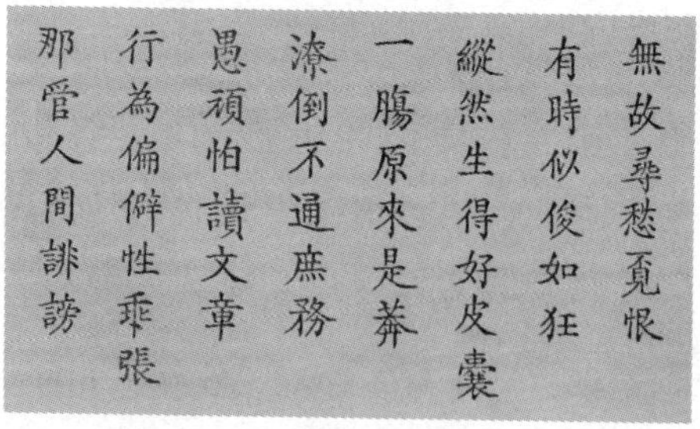
無故尋愁覓恨
有時似傻如狂
縱然生得好皮囊
一腸原來是莽
潦倒不通庶務
愚頑怕讀文章
行為偏僻性乖張
那管人間誹謗

(a)

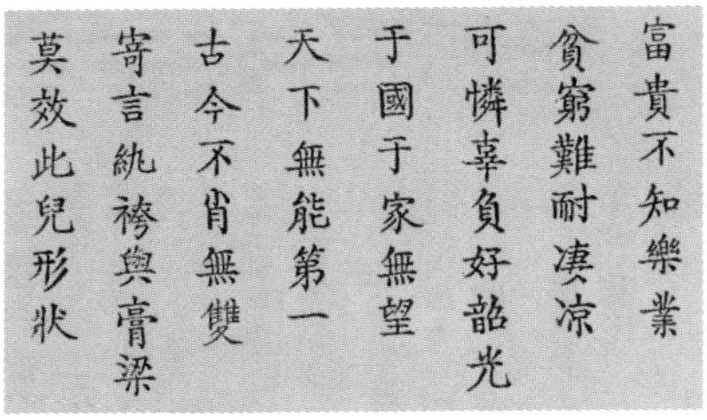
富貴不知樂業
貧窮難耐凄凉
可憐辜負好韶光
于國于家無望
天下無能第一
古今不肖無雙
寄言紈袴與膏梁
莫效此兒形狀

（b）

图 7-1 《红楼梦》中《西江月》词二首，出自《汉文诗解》1830 年版①

德庇时对这两首词的英译文如下：

The paths of trouble heedlessly he braves,
Now shines a wit – and now a madman raves:
His outward form by nature’s bounty drest,
Foul weeds usurped the wilderness, his breast;
And bred in tumult, ignorant of rule,
He hated letters – an accomplish’d fool!
In act depraved, contaminate in mind,
Strange!Had he fear’d the censures of mankind.

Titles and wealth to him no joys impart –
By penury pinch’d, he sank beneath the smart:
Oh, wretch!To flee the good thy fate intends,
Oh, hopeless!To thy country and thy friends!
In uselessness, the first beneath the sky,
And curst, in sinning, with supremacy!
Minions of pride and luxury, lend an ear,
And shun his follies, if his fate ye fear!

[Sir John Francis Davis, “On the Poetry of the Chinese”, in *Transactions of the Royal Asiatic Society of Great Britain and Ireland* (Vol. Ⅱ), London: J. L. Cox, 1830. pp. 440-441]

---

① Sir John Francis Davis, “On the Poetry of the Chinese”, in *Transactions of the Royal Asiatic Society of Great Britain and Ireland* (Vol. Ⅱ), London: J. L. Cox, 1830. pp. 440-441.

2.《汉书卷六十一·张骞李广利传第三十一》(节选)

班固

张骞，汉中人也，建元中为郎。时匈奴降者言匈奴破月氏王，以其头为饮器，月氏遁而怨匈奴，无与共击之。汉方欲事灭胡，闻此言，欲通使，道必更匈奴中，乃募能使者。骞以郎应募，使月氏，与堂邑氏奴甘父俱出陇西。径匈奴，匈奴得之，传诣单于。单于曰："月氏在吾北，汉何以得往使？吾欲使越，汉肯听我乎？"留骞十余岁，予妻，有子，然骞持汉节不失。

居匈奴西，骞因与其属亡乡月氏，西走数十日，至大宛。大宛闻汉之饶财，欲通不得，见骞，喜，问欲何之。骞曰："为汉使月氏而为匈奴所闭道，今亡，唯王使人道送我。诚得至，反汉，汉之赂遗王财物不可胜言。"大宛以为然，遣骞，为发译道，抵康居。康居传致大月氏。大月氏王已为胡所杀，立其夫人为王。既臣大夏而君之，地肥饶，少寇，志安乐，又自以远远汉，殊无报胡之心。骞从月氏至大夏，竟不能得月氏要领。

留岁余，还，并南山，欲从羌中归，复为匈奴所得。留岁余，单于死，国内乱，骞与胡妻及堂邑父俱亡归汉。拜骞太中大夫，堂邑父为奉使君。

骞为人强力，宽大信人，蛮夷爱之。堂邑父胡人，善射，穷急射禽兽给食。初，骞行时百余人，去十三岁，唯二人得还。

骞身所至者，大宛、大月氏、大夏、康居，而传闻其旁大国五六，具为天子言其地形，所有，语皆在《西域传》。

骞曰："臣在大夏时，见邛竹杖、蜀布，问安得此，大夏国人曰：'吾贾人往市之身毒国。身毒国在大夏东南可数千里。其俗土著，与大夏同，而卑湿暑热。其民乘象以战。其国临大水焉。'以骞度之，大夏去汉万二千里，居西南。今身毒又居大夏东南数千里，有蜀物，此其去蜀不远矣。今使大夏，从羌中，险，羌人恶之；少北，则为匈奴所得；从蜀，宜径，又无寇。"天子既闻大宛及大夏、安息之属皆大国，多奇物，土著，颇与中国同俗，而兵弱，贵汉财物；其北则大月氏、康居之属，兵强，可以赂遗设利朝也。诚得而以义属之，则广地万里，重九译，致殊俗，威德遍于四海。天子欣欣以骞言为然。乃令因蜀犍为发间使，四道并出：出駹，出莋，出徙、邛，出僰，皆各行一二千里。其北方闭氐、莋，南方闭巂、昆明。昆明之属无君长，善寇盗，辄杀略汉使，终莫得通。然闻其西可千余里，有乘象国，名滇越，而蜀贾间出物者或至焉，于是汉以求大夏道始通滇国。初，汉欲通西南夷，费多，罢之。及骞言可以通大夏，及复事西南夷。

骞以校尉从大将军击匈奴，知水草处，军得以不乏，乃封骞为博望侯。

…………

骞还，拜为大行。岁余，骞卒。后岁余，其所遣副使通大夏之属者皆颇与其人俱来，于是西北国始通于汉矣。然骞凿空，诸后使往者皆称博望侯，以为质于外国，外国由是信之。其后，乌孙竟与汉结婚。

初，天子发书《易》，曰“神马当从西北来”。得乌孙马好，名曰“天马”。及得宛汗血马，益壮，更名乌孙马曰“西极马”，宛马曰“天马”云。而汉始筑令居以西，初置酒泉郡，以通西北国。因益发使抵安息、奄蔡、犛靬、条支、身毒国。而天子好宛马，使者相望于道，一辈大者数百，少者百余人，所赍操，大放博望侯时。其后益习而衰少焉。汉率一岁中使者多者十余，少者五六辈，远者八九岁，近者数岁而反。

…………

而大宛诸国发使随汉使来，观汉广大，以大鸟卵及犛靬眩人献于汉，天子大说。而汉使穷河源，其山多玉石，采来，天子案古图书，名河所出山曰昆仑云。

是时，上方数巡狩海上，乃悉从外国客，大都多人则过之，散财帛赏赐，厚具饶给之，以览视汉富厚焉。大角氐，出奇戏诸怪物，多聚观者，行赏赐，酒池肉林，令外国客遍观各仓库府臧之积，欲以见汉广大，倾骇之。及加其眩者之工，而角氐奇戏岁增变，其益兴，自此始。而外国使更来更去。大宛以西皆自恃远，尚骄恣，未可诎以礼羁縻而使也。

［选自班固，《汉书》（简体字本），中华书局，1999 年，第 2035 ~ 2042 页］

3.《中国古代四大发明——源流、外传及世界影响》（节选）

潘吉星

四大发明传到欧洲后产生的直接后果是为近代科学的兴起创造了必要的前提，为近代社会的建成起了重要的促进作用。这两大事件的发生改变了世界史的发展进程，使世界面貌发生根本的变化。因此，论述四大发明的世界意义时，必须着重从这里谈起。前已援引培根、马克思和贝尔纳在这方面言简意赅的论述，似乎还有必要作适当的诠释。中国四大发明在欧洲推广后产生的后果，可以从以下两个层面来分析。

第一，四大发明作为科学技术研究成果，包括相关科技思想、工具和设备构造原理以及全套制造工艺，引入欧洲后产生的直接后果是提供了新的研究内容、研究方向和研究手段，导致一系列与中世纪科学相抗的新兴学科的建立，最后终于促成科学技术革命。第二，它们作为社会生产力，能立即转化成新兴产业部门的新产品，在社会经济军事和政治、对外事务等领域内发挥前所未有的作用，并被新兴资产阶级用作推翻封建制建立资本主义的物质手段。换言之，四大发明的精神力量和物质力量结合后的综合效应，促使欧洲告别中世纪，向建立新科学和新社会的方向上迈进，从而揭开近代史的序幕。

…………

欧洲很幸运，成为近代科学的起源地，但是应当指出，单靠古代希腊的科学遗产和中世纪黑暗时代欧洲零散的技术资料，是构筑不起近代科学技术大厦的。恩格斯（Friedrich Engels，1820—1895）1875 年在《自然辩证法》手稿中谈到近代科学出现前的科技背景时，列举了大约 34 项中世纪发明，自然还漏掉一些项目，但从这个不完全统计中已可看到，其中 50%以上不是在欧洲完成的，实际上都来自中国。只有向欧洲注入以四大发明为主体的中国科技发明和思想，近代科学技术大厦才能建成。

四大发明在世界范围内所造成的社会影响，甚至比对科学技术发展的影响还要大。

…………

因此我们看到，在欧洲发生的文艺复兴、宗教改革和科学革命的直接后果是军事贵族封建制的崩溃，随之而来的是近代自然科学和资本主义制度的兴起。这自然有其深刻的社会内在原因，但不能否认以造纸、印刷术、火药和指南针四大发明为主体的中国科技发明的输入是促成这些事件发生的重要外在原因，外因通过内因起作用。到17—18世纪出现由蒸汽机带动的工业革命时，我们再次看到中国技术的背景。此时随着封建制的瓦解，资本主义制度已在欧洲居主导地位，并进一步发展、巩固。近代自然科学是经历了反封建、反对宗教势力的学术斗争烈火而最终形成的，和近代社会是同一运动的产物。没有资本主义，就没有近代科学。因为资本主义生产方式有意识地与广泛地使科学为经济目的服务并将其变成生产力，随后出现近代的物质文明，世界发生一连串的变化。这就是四大发明的国际意义。

反观四大发明的故乡中国，虽然在中世纪漫长岁月里发出了灿烂的科技之光，成为许多重要发明、发现的起源地，为欧洲望尘莫及，但却未能产生近代科学并建立近代社会，反而从16世纪明中叶以后落后于欧洲。基本原因是明代资本主义萌芽未能成长壮大到足以与中央集权的官僚封建制相抗争并取而代之。清王朝建立后，又一度使衰落的封建制度获得加强，因此中国再次失去出现科学革命的社会条件。详细讨论这些问题已非本书研究范围。

近三百多年来，中国在社会和科技发展方面落后于西方先进国家，但我们也有过光荣的历史，在封建社会初期和中期的汉唐盛世完成了震撼世界的四大发明，说明我们这个民族并非不善于发展科学技术。在蹉跎了三个多世纪后，中华民族又重新觉醒与崛起，决心奋起直追，以科学、教育兴国，力争在世界先进科学技术中占有一席之地。中国人有自信，能继承先民科技创新精神在21世纪新千年到来以后，在科学技术方面完成更多更大的发明和发现，重振昔日辉煌，为人类再次做出伟大贡献。四大发明已成过去，更大的突破有待未来。风景这边独好，数风流人物还看今朝。

（选自潘吉星，《中国古代四大发明——源流、外传及世界影响》，中国科学技术大学出版社，2002年，第576～581页）

4.《西方文明的东方起源》(节选)

[英]约翰·霍布森

许多启蒙思想家积极地与中国和中国的思想联系在一起，这些思想家包括蒙田、马勒伯朗士、莱布尼茨、伏尔泰、魁奈、沃尔夫、休谟和亚当·斯密。其中最重要的启蒙思想家是伏尔泰，他的《论世界各国的风俗与精神》(1756)一书，被形容为“那一时代关于远东所有(积极)情感的一种完美概述”。此外，在其《赵氏孤儿》(*L'Orphelin de la Chine*)(1755)和《查第格》(*Zadig*)(1748)中，伏尔泰吸收了中国的政治、宗教和哲学概念(所有概念都基于理性原则)，向欧洲人所偏爱的世袭贵族统治提出了挑战。事实上，许多重要的启蒙思想家对“理性方式”的偏爱皆来自中国。

在某种程度上，一些欧洲中心论者承认中国对启蒙运动的影响，人们通常认为它只是在法国产生了积极作用(无疑，这一定程度是因为法国政府的专制主义使“专制的中国”似乎更具魅力)。但是，中国的思想同样对英国的文化也产生了极其重要的影响。英国人十分喜爱中国的文化风格，从茶艺、壁画装饰、中英结合的园艺到政治经济思想。在盎格鲁-撒克逊人的观念中，欧洲最主要的政治经济学家是苏格兰人亚当·斯密。但是，尽管盎格鲁-撒克逊人偏狭地认为亚当·斯密是第一个政治经济学家，却又认为斯密背后是法国的“重农主义者”魁奈，而关键的是，在魁奈的背后是中国。第一个批判重商主义思想的欧洲人，是魁奈，而不是亚当·斯密。“重农主义”一词是指“自然法则”，魁奈的思想起源于中国，其重要性至少表现在两个方面：第一，他认识到农业乃是财富的根本源泉(这成为英国农业革命的一个重要思想)；第二，也更重要的是，他认为只有在生产者不受国家专制任意干预的情况下，农业才能获得充分发展，只有这样，市场的“自然规律”才能起作用(中国人早已认识到这点)。

…………

不管怎么说，耶稣会士是中国经济思想、尤其是技术思想传播的一个重要渠道。这方面的例子不胜枚举。1685 年，路易十四派六位耶稣会士到中国，他们带着一系列的问题（由法国科学院起草），目的是找到从科学、动植物到农业生产所有领域的方法。有趣的是，路易十四是在科尔贝尔的极力主张下着手这件事的，而科尔贝尔反过来受到了莱布尼茨的推动。莱布尼茨亲自给到中国的耶稣会传教团写信，明确要求他们记录各种信息，包括冶铁、茶叶、造纸、丝绸、纯瓷、印染和玻璃的制造，还包括中国农业、军事及航海技术。莱布尼茨认为，“如果没有这些知识，遣使中国则毫无意义”。最重要的是，莱布尼茨还要求耶稣会士们将中国的技术、机器、模型以及中国工农业文献带回到欧洲。

1600 年后，通过耶稣会士的信札，有关中国的信息迅速增多，到 1650 年之后，关于中国的书籍开始广为人知。这些书用多种欧洲语言出版，不仅从总体上介绍了中国（北方中国）的许多卓越成就，还更具体地介绍了中国的技术和经济思想。除了 1610 年利玛窦的作品外，金尼阁（Nicolas Trigault）、曾德昭（Alvarez Semedo）、卫匡国（Martino Martini）等也写了一些详细介绍中国各个方面情况的书，包括“土地和物产的丰饶”以及“机械工艺”这些方面。更有意义的是，许多耶稣会士的作品激发了欧洲人的想象力，从学者精英到门外汉，从庶民百姓到欧洲君主。因而，不但中国书籍在欧洲随处可见，而且大量中国的技术、工艺被直接照搬，用于欧洲的农业革命和工业革命。一份详尽的总结值得我们注意：

> 17 世纪期间，出现了数百本由传教士、商人、医生、水手、士兵及自由旅行家写的关于亚洲的书籍。仅写南亚的至少就有 25 本，另有 15 本是写东南亚大陆部分的，约有 20 本书是关于东南亚群岛部分，还有 60 本左右是写东亚的。在这些重要的读物中，许多都是传救士的信札、资料摘录、旅行日志……小册子、通信稿，等等。这些书几乎用全部的欧洲语言出版，不断被翻译、重印，被收录到 17 世纪出版的多种大型旅游文学汇编中，也经常被后来的作家或出版商抄袭、盗版。……欧洲的知识阶层无不为之折服，如果其影响在当时的欧洲文学、艺术、教育和文化中找不到丝毫印迹，着实令人惊讶。

这样，欧洲人显然能够很容易接触到更先进的中国（以及其他亚洲地区的）思想和技术。正如我们很快要看到的，拥有了这些信息和他们自身的若干技术，欧洲人，特别是英国人为了追上并超过中国，开始对它们进行消化吸收。遗憾的是，西方发明家实际上根本就不承认借用了其他西方思想，更不用说中国思想了。弗朗塞斯卡·布雷（Francesca Bray）一针见血地指出：

> 如果我们想在他们的作品中找到对这种影响明确承认的内容，将会大失所望：西方学者和发明家不知廉耻地相互剽窃对方的思想……我们可以肯定，他们会毫不顾忌地将这些来自世界另一边的思想化为己有。

不过，要追溯具体的中国思想和技术如何向西方传播却是可能的（尽管这是项艰难的工作），这样，在伏尔泰的影响下，让我们通过揭示被欧洲中心论者极力掩盖的中国贡献，来重新审视英国的农业革命和工业革命。

（选自约翰·霍布森，《西方文明的东方起源》，孙建党译，于向东、王琛校，山东画报出版社，2009年，第174～180页）

思考题

1. 中国元素在西方举隅

思考指引：请举例说明当前西方世界在流行文化或大众文化领域中对于中国元素的借鉴或移植，同时分析在这一具体事例当中，西方世界对于此中国元素的态度、借鉴手段、造成的影响等，结合本章内容，对你所举的例子谈谈自己的看法。

2. 德庇时所译《红楼梦》中《西江月》词二首分析

思考指引：阅读德庇时所译《红楼梦》中《西江月》词二首，对比英文译文与中文原文，分析英文对于中文诗歌的语言和意境的呈现是否准确完整。

3. 进一步阅读张骞通西域的史料，归纳这一历史事件为中西交通带来了什么具体的结果

4. 中国古代四大发明对西方有哪些方面的影响？

思考指引：可以从知识的传播、思想的解放、大航海时代航海业的发展、资产阶级的强势崛起，以及西方诸多近代变革的角度来探讨。

5. 中国的儒家思想和道家思想对西方思想的影响？

思考指引：可以从欧洲启蒙运动、重农学派、自由市场经济等多个方面来探讨中国古代哲学思想对西方的影响。

6. 中国科举制度对西方文官制度的影响？

推荐书目

1. 曹顺庆等，《比较文学论》，四川教育出版社，2002 年。

2. [美]约翰 · 费斯克等编，《关键概念，传播与文化研究词典》（第 2 版），李彬译注，新华出版社，2004 年。

3. [美]费正清，《费正清中国回忆录》，阎亚婷、熊文婷译，中信出版社，2017 年。

4. 郭庆光，《传播学教程》（第二版），中国人民大学出版社，2011 年。

5. [美]艾略特 · 温伯格，《观看王维的十九种方式》，光哲译，商务印书馆，2019 年。

6. 章太炎讲演，诸祖耿、王謇、王乘六等记录，《章太炎国学讲演录》，中华书局，2013 年。

7. 祖晓梅，《跨文化交际》，外语教学与研究出版社，2015 年。

8. 许明龙,《欧洲十八世纪“中国热”》, 外语教学与研究出版社, 2007 年。

9. 朱谦之,《中国哲学对欧洲的影响》, 上海人民出版社, 2006 年。

10. [法]佩雷菲特,《停滞的帝国——两个世界的撞击》, 王国卿、毛凤支等译, 生活·读书·新知三联书店, 1995 年。

第八章
人类命运共同体：中国的全球化新主张

理论关键词

1. 世界历史

人类历史从狭隘的地域性历史转向广阔的世界性历史，是资产阶级通过建立世界市场、实行大工业生产、推崇市场竞争和推行经济全球化而实现的。历史地看，前资本主义社会的人类活动局限在地域的界限内；资本主义社会则突破了地域性的限制，并决定性地开辟出了崭新的世界历史。

从人类活动的范围来看，“历史学家 J. R. 黑尔（J. R. Hale）曾说：‘多数人一生最长的旅行距离差不多是 15 英里。’”[①]。农业时代，大多数人终其一生活在非常有限的空间里。而进入工业时代之后，人类活动遍及全球，甚至外太空也有人类活动留下的痕迹。

马克思曾高度评价这种工业时代的根本性转变，他说：“资产阶级在它的不到一百年的阶级统治中所创造的生产力，比过去一切世代创造的全部生产力还要多，还要大。自然力的征服，机器的采用，化学在工业和农业中的应用，轮船的行驶，铁路的通行，电报的使用，整个整个大陆的开垦，河川的通航，仿佛用法术从地下呼唤出来的大量人口——过去哪一个世纪料想到在社会劳动里蕴藏有这样的生产力呢？”[②]

---

① [美]阿尔文·托夫勒，《第三次浪潮》，黄明坚译，中信出版社，2018 年，第 107 页。
② 马克思、恩格斯，《共产党宣言》，中共中央编译局译，人民出版社，1997 年，第 32 页。

在前资本主义社会，各国关注和处理的问题主要集中于某些区域性问题或国家自身存在的问题，具有封闭性和狭隘性。地理大发现以后，资产阶级开拓了世界市场，使各个国家的历史变成世界历史，在世界历史的进程中区域性或国家性问题逐渐超出地域限制，转变为各个国家乃至整个世界的问题。

因此，在人类历史转变为“世界历史”的过程中，可以说现代资本主义的发展起到至关重要的作用。“唯当‘世界历史’由于现代资本主义的发展而被决定性地开辟出来之时，才开始有真正意义上的世界秩序和全球问题。”①

由资产阶级开创的世界历史具有双重特性：全球化和欧洲中心主义。一方面，资产阶级通过建立世界市场开创了“全球化事业”。其中，最为典型的全球化就是经济全球化。正如习近平总书记指出的那样，“经济全球化是历史大势，促成了贸易大繁荣、投资大便利、人员大流动、技术大发展。本世纪初以来，在联合国主导下，借助经济全球化，国际社会制定和实施了千年发展目标和 2030 年可持续发展议程，推动 11 亿人口脱贫，19 亿人口获得安全饮用水，35 亿人口用上互联网等，还将在 2030 年实现零贫困。这充分说明，经济全球化的大方向是正确的。”②即使在经济全球化过程中衍生出诸多全球性危机或风险，如发展失衡、治理困境、数字鸿沟等，我们也不能因噎废食，拒斥全球化的时代发展方向。

另一方面，资本主义主导的全球化事业设置了欧洲中心主义的国际权力格局和全球世界秩序。马克思深刻地揭示了这一点：“资产阶级，由于一切生产工具的迅速改进，由于交通的极其便利，把一切民族甚至最野蛮的民族都卷到文明中来了。它的商品的低廉价格，是它用来摧毁一切万里长城、征服野蛮人最顽强的仇外心理的重炮。它迫使一切民族——如果它们不想灭亡的话——采用资产阶级的生产方式；它迫使它们在自己那里推行所谓文明，即变成资产者。一句话，它按照自己的面貌为自己

① 吴晓明，《“中国方案”开启全球治理的新文明类型》，《中国社会科学》2017 年第 10 期。

② 习近平，《共同构建人类命运共同体——在联合国日内瓦总部的演讲》，《人民日报》2017 年 1 月 20 日。

创造出一个世界。资产阶级使农村屈服于城市的统治。它创立了巨大的城市，使城市人口比农村人口大大增加起来，因而使很大一部分居民脱离了农村生活的愚昧状态。正像它使农村从属于城市一样，它使未开化和半开化的国家从属于文明的国家，使农民的民族从属于资产阶级的民族，使东方从属于西方。”[①]按照西方中心主义的内在逻辑和思维定式，西方发达国家必然在全球化进程中，出现逆全球化的行径。

世界历史是随着资本主义的发展而被开辟的，它与西方现代化的进程紧密相关，由此建立的世界秩序以及形成的全球问题本质上都被纳入西方的话语体系之中。从历史唯物主义的理论视域看，世界历史不仅是时代发展的必然趋势，也是整个人类历史发展的关键环节。因此，世界历史必然不会囿于西方中心主义模式的世界历史样态，而是在超越现存状态的基础上，走向多元化的共存共荣的崭新世界历史样态。

2. 全球化的中国方案

自世界历史建立以来，人类便休戚与共，越来越成为你中有我、我中有你的命运共同体。同时，与之相伴随的是各种全球性问题层出不穷，现存国际秩序和全球治理体系面临诸多困局。人类正面临着关涉自我生存和发展的重大挑战，如全球生态系统问题、国际金融危机、世界疫病危害、国际霸权主义和恐怖主义等。正是在对现存国际秩序和全球治理体系全面反思的基础上，中国结合自身发展和处理国际事务的双重宝贵经验，以积极的姿态提出构建人类命运共同体的中国方案。

构建人类命运共同体的中国方案呈阶段式发展趋势，主要有下述三个阶段。

中国方案初步倡议阶段。党的十八大提出“建设和谐世界”的倡议，“要坚持开放的发展、合作的发展、共赢的发展，通过争取和平国际环境发展自己，又以自身发展维护和促进世界和平，扩大同各方利益汇合点，推动建设持久和平、共同繁荣的和谐世界”。在倡议之后，突出强调了现时代人类命运与共的基本现状。2013 年 3 月习近平在莫斯科国际关系学

① 马克思、恩格斯，《马克思恩格斯文集》第 2 卷，人民出版社，2009 年，第 35-36 页。

院发表的演讲，对人类共存共荣的未来走向做出中国判断："这个世界，各国相互联系、相互依存的程度空前加深，人类生活在同一个地球村里，生活在历史和现实交汇的同一个时空里，越来越成为你中有我、我中有你的命运共同体。"

中国方案明确提出阶段。在中国判断的基础上，进一步明确提出构建人类命运共同体可能达成的基本共识。习近平总书记在《携手构建合作共赢新伙伴，同心打造人类命运共同体》（2015 年 9 月 28 日）的演讲中，明确提出全人类的共同价值是"和平、发展、公平、正义、民主、自由"，共同价值意味着我们能够在一些基本理念上达成共识，从而打破修昔底德陷阱的桎梏，"构建以合作共赢为核心的新型国际关系"。由此，中国勾勒了构建人类命运共同体的基本框架，在此基础上，习近平在联合国日内瓦总部的"共商共筑人类命运共同体"高级别会议中，做了题为《共同构建人类命运共同体》（2017 年 1 月 18 日）的演讲，明确阐释了"中国方案"的概念，即"让和平的薪火代代相传，让发展的动力源源不断，让文明的光芒熠熠生辉，是各国人民的期待，也是我们这一代政治家应有的担当。中国方案是：构建人类命运共同体，实现共赢共享"①。这一界定，彰显了中国方案所蕴含的实质内涵和价值旨趣。党的十九大更加详尽地体现了这一点。"我们呼吁，各国人民同心协力，构建人类命运共同体，建设持久和平、普遍安全、共同繁荣、开放包容、清洁美丽的世界。要相互尊重、平等协商，坚决摒弃冷战思维和强权政治，走对话而不对抗、结伴而不结盟的国与国交往新路。要坚持以对话解决争端、以协商化解分歧，统筹应对传统和非传统安全威胁，反对一切形式的恐怖主义。要同舟共济，促进贸易和投资自由化便利化，推动经济全球化朝着更加开放、包容、普惠、平衡、共赢的方向发展。要尊重世界文明多样性，以文明交流超越文明隔阂、文明互鉴超越文明冲突、文明共存超越文明优越。要坚持环境友好，合作应对气候变化，保护好人类赖以生存的地球家园。"②

---

① 习近平，《共同构建人类命运共同体——在联合国日内瓦总部的演讲》，《人民日报》2017 年 1 月 20 日。

② 习近平，《决胜全面建成小康社会　夺取新时代中国特色社会主义伟大胜利——在中国共产党第十九次全国代表大会上的报告》，人民出版社，2017 年，第 58 页。

中国方案引领变革阶段。在新时代背景下，中国不仅成为跻身于世界舞台中心的社会主义大国，而且以中国经验、中国道路、中国智慧为世界上其他国家和民族的生存和发展提供了全新的选择，在国际上产生深刻而广泛的影响。如“一带一路”倡议带动了周边沿线国家的发展；“5G 命运共同体”带动产业伙伴共建共享；“人类卫生健康共同体”携手各国人民共克“新冠”时艰。

3. 霸权治理

霸权治理属于全球治理问题，它是随着“世界历史”的开辟而形成的。世界市场或世界历史被开辟以来，封建的生产关系、交换关系，封建的所有制关系（封建的农业、独立的手工业）已然成为生产力发展的桎梏。取而代之的是资产阶级的生产关系、交换关系，资产阶级的所有制关系（机器化运作的大工业、自由竞争的商业）。在世界历史的进程中，“资产阶级使农村屈服于城市的统治……正像它使农村从属于城市一样，它使未开化和半开化的国家从属于文明的国家，使农民的民族从属于资产阶级的民族，使东方从属于西方。”[①]经济上的“发达-落后”结构、政治上的“主导-附属”结构、文化上的“文明-野蛮”结构等造成前者对后者具有支配性（后者对前者服从性）的霸权治理的后果。由此，伴随世界历史的开辟，逐渐形成一种由资产阶级作为主导力量的“权力体系”，这种“权力体系”构成现代世界秩序的典型治理模式。霸权治理模式正是这种“权力体系”在处理国际性事务过程中的具体运用。

“权力体系”“霸权治理”及其所呈现出的二元对立结构根源于该模式背后隐匿的逻辑前提：科学主义的控制论的思维方式。控制论的思维方式主张人类利用自身的智慧，应用科学知识和技术的力量对人类之外的自然界进行征服与控制。“对自然的操纵控制态度，形成了海德格尔所说的控制论的思维方式，这种思维方式的合乎逻辑的延伸，必然发展为对社会生活和人的控制甚至专制。”[②]西方资本主义国家运用控制论的思

① 马克思、恩格斯，《马克思恩格斯文集》第 2 卷，人民出版社，2009 年，第 36 页。
② 孙利天，《论辩证法的思维方式》，吉林人民出版社，2006 年，第 2 页。

维方式处理国际性事务或全球问题，呈现出社会或世界的一部分对另一部分进行支配与统治的趋势。具体而言，这种趋势体现在两种基本局势之中：一种情形表现为一些具有压倒性优势的主权国家对其他国家或落后国家的强势干涉、支配与统治；另一种情形表现在一些不具有压倒性优势的主权国家之间，这些国家通过“均势”“制衡”的方式保持对峙，这种“均势”“制衡”体系可追溯到《威斯特伐利亚和约》的签订，这一合约是17世纪中欧地区历经“三十年战争”的摧残，参战各国最后彼此妥协的产物。正像基辛格指出的，威斯特伐利亚体系“以独立国家组成的体系为基础，各国不干涉彼此的内部事务，并通过大体上的均势遏制各自的野心”[①]。可知，“均势”“制衡”只是维持一种表面的暂时和平局面，一旦权力结构发生失衡，就会出现第一种情形中非均势的霸权或强权局面。

霸权治理模式之所以会导致现代世界秩序的失衡，正在于控制论思维方式固有的界限以及对这种思维方式的错位运用。控制论的思维方式在一定程度上能够澄明和厘清物的逻辑。资本的文明面所凸显的正是这种思维方式以及物的逻辑所产生的积极效果。正如马克思所说：“资产阶级在它的不到一百年的阶级统治中所创造的生产力，比过去一切世代创造的全部生产力还要多，还要大……过去哪一个世纪料想到在社会劳动里蕴藏有这样的生产力呢？”[②]在生产力的意义上，人类通过发现科学、掌握规律、发明工具、革新技术的方式有望成功征服自然，实现财富的快速增长、资本的无限增殖和社会的文明进步。控制论的思维方式的运用在人类对“物”（如自然、工具、财富、资本等）的关系上具有效力，然而一旦运用控制论的思维方式处理人类自身的生存和发展问题则会造成逻辑的错位。知性的控制论思维方式强调知识的客观性、科学性，并以客观性尺度或物的尺度作为衡量一切的依据和标准，造成咄咄逼人的“真理的霸权主义”，甚至造成意识形态专制的危险，最终从极端的理性走向极端的非理性。如奉行“落后就要挨打、崛起必然争霸”的理念、

① 基辛格，《世界秩序》，胡利平等译，中信出版集团，2015年，第20页。

② 马克思、恩格斯，《马克思恩格斯文集》第2卷，人民出版社，2009年，第36页。

鼓吹“中国威胁论”的言论，就是以控制论的思维方式看待每个国家，从根本上干涉、排斥他国的发展。

以控制论的思维方式治理全球最重大的人类生存和发展问题必然导致现有全球治理模式的短路。只有对资本主义共同体及其构建的世界秩序“权力体系”进行深入审视和彻底批判，只有对控制论的思维方式进行革新与转向，才有可能探索出新的全球治理方式。尽管国际局势不断发生变化，但控制论的思维方式依然构成现代国际秩序的逻辑前提。在处理国际性事务的过程中，世界秩序和全球治理体系必然走向以西方发达国家为主导的“霸权治理模式”下的对立结构。美国等发达资本主义国家则以确立在世界秩序格局中的霸权地位为根本目标，主权国家在控制论思维方式的束缚下只为确保自身的安全与发展，并非真诚共建共享新的世界秩序。各国之间以表面的“均势”与“和平”遮蔽了内在的“冲突”与“对立”，这些正是现有全球治理模式的局限与困境所在。

4. 共同治理

相对于现存全球治理体系框架下的霸权治理理念，构建人类命运共同体的中国方案中深刻地蕴含着共同治理的理念。党的十九大报告明确提出了新的全球治理观，即各国共商共建共享。简言之，在处理全球性事务中，各国应以平等的地位秉持共同治理的基本理念。全球治理的中国方案之所以不会落入强权逻辑、崛起必然争霸的修昔底德陷阱，首先在于思维方式的转向，即从控制论的思维方式转向辩证法的思维方式。马克思主义的“辩证法”既是对控制论二元对立思维模式的批判与克服，又在实践的意义上实现思维规律和能动的物质生产活动的统一。

凝结中国智慧的人类命运共同体方案正是辩证法思维方式的具体运用和现实体现。首先，这一方案突破了控制论思维的教条和僵化的局限。中国方案运用辩证法的思维方式深刻地揭示了“世界上本无‘修昔底德陷阱’，但大国之间一再发生战略误判，就可能自己给自己造成‘修昔底德陷阱’”[①]。世界上并不存在“修昔底德陷阱”式的新旧霸权之争的

① 习近平，《在华盛顿州当地政府和美国友好团体联合欢迎宴会上的演讲》，《人民日报》2015年9月24日。

共处模式，但以意识形态的专制强制甚至统治他国，就可能自己给自己竖起一道围墙。“无修昔底德陷阱”“无霸权体系”等观点和主张表明我们在处理国际关系问题上不再囿于控制论思维方式获得对他国的支配权，而是运用辩证法思维方式构建与他国的和平共处、共赢共享的融洽关系，在处理国际事务中国与国之间形成“共同治理”的相处模式。其次，这一方案并非在知识论的层面上以“共赢共享”的新词置换“霸权治理”的旧词，以人类命运共同体中新的内容扩充西方中心主义共同体的治理体系，而是在生存论或实践论的意义上革新控制论的思维方式，否弃霸权治理的治理方式，构建新的世界秩序。“强国必然强权”是在控制论思维方式的逻辑语境中成立的。而中国则“以人民为中心”“以民众为根基”，强调求同存异、合作共赢。中国主张并践行在国际事务和全球问题上，各国相互尊重、增进理解、扩大共识，把“冲突点”“矛盾点”转化为“合作点”。合作则共赢，分裂则俱损。“没有哪个国家能够独自应对人类面临的各种挑战，也没有哪个国家能够退回到自我封闭的孤岛。”①超越零和博弈的竞争争霸，强调休戚与共的合作共赢，这一理念正是从控制论的思维方式转向辩证法的思维方式的根本体现，这正是中国智慧理论自觉的当代表达。

当然解决全球性事务的思维方式和现实路径不仅只有自觉运用辩证法和构建人类命运共同体这一种方案，但是在关切人类性根本问题的意义上，切实解决全球性事务或国际性难题，突破控制论的思维方式和变革霸权体系的全球治理模式是必要且迫切的。我们不仅要辨识和超越现代国际秩序霸权治理的实质以及作为其内在逻辑前提的控制论的思维方式，而且要重构新的世界秩序，革新人类的共处模式，重新寻求人类安身立命之根本。人类命运共同体开启了真正解决久未解开的国际性或时代性难题的历史开端，而共同治理的全球治理新理念意味着世界秩序中人类共处模式的革新。

5. 个体性

马克思在《关于费尔巴哈的提纲》中指出：“旧唯物主义的立脚点是

①《中国共产党第十九次全国代表大会文件汇编》，人民出版社，2017 年，第 47 页。

市民社会，新唯物主义的立脚点则是人类社会或社会的人类。”①马克思批判了以费尔巴哈为代表的旧唯物主义只是从客体方面把握现实，这种理解只能具有一种直观的特性，因此只能达到对单个人或市民社会的直观把握。而马克思的新唯物主义主张从主观方面、实践方面把握现实、理解人类及其活动所具有的能动特性。马克思在哲学基本立场或立脚点的视域下，从根本上区分了新旧哲学。旧哲学基于市民社会或单个人的立场解释世界，而新哲学基于人类社会或社会的人类的立场改造世界。新旧哲学的根本差异深刻地揭示出西方中心主义的共同体与人类命运共同体之间哲学立场的根本分歧。

马克思从社会关系的角度进行考察，指出“‘市民社会’这一用语是在 18 世纪产生的，当时财产关系已经摆脱了古典古代的和中世纪的共同体。真正的市民社会只是随同资产阶级发展起来的；但是市民社会这一名称始终标志着直接从生产和交往中发展起来的社会组织”②。据此可知，市民社会是与资本主义社会相契合的发展阶段，市民社会与资本主义社会之间的契合点共同指向“财产关系”。当“财产关系”从古代和中世纪的共同体中摆脱出来成为独立领域的时候，市民社会或资产阶级社会便破除了前资本主义社会共同体中人的依赖性关系，并使人获得了独立性。这一变化使市民社会具有双重特质：兼有“人的独立性”和对“物的依赖性”。“人的独立性”主要表现为强调个人自由以及对自由的运用。自由是一种可以做任何不损害他人的事情的权利，个人自由的实际运用集中体现在对私有财产的应用中。自由以及对自由的运用意味着他人不能损害资产阶级的私有财产或既有利益。人的独立性恰恰是建立在这种对物的依赖性的基础上的。市民社会的双重特质表明市民社会中公民的“个体性”与“财产利益”具有一致性。正如马克思在《论犹太人问题》中尖锐地指出：“私有财产这一人权是任意地（à son gré）、同他人无关地、不受社会影响地享用和处理自己的财产的权利；这一权利是自私自利的权利。这种个人自由和对这种自由的应用构成了市民社会的基础。这种

① 马克思、恩格斯，《马克思恩格斯文集》第 1 卷，人民出版社，2009 年，第 502 页。

② 马克思、恩格斯，《马克思恩格斯文集》第 1 卷，人民出版社，2009 年，第 582-583 页。

自由使每个人不是把他人看作自己自由的实现，而是看作自己自由的限制。”[①]这样的自由并非真正意义上的自由，而是一种只着眼于私有财产的利己的自由。“实际需要、利己主义是市民社会的原则……实际需要和自私自利的神就是金钱。”[②]私有财产和利己主义最典型地彰显了市民社会的“个体性”，“个体性”不仅表现为一种脱离了政治共同体的束缚，表面上获得了个人自由与各项政治权利的独立性，更重要地表现为一种以追逐金钱利益和资本增殖为目标的对物的依赖性。

市民社会中利己主义原则和人们的逐利行为形成资本增殖逻辑的现实表达，秉持个体性的哲学立场是资本增殖逻辑所导致的必然结果。物（资本）的逻辑僭越甚至支配人的逻辑所引发的将是人与人之间无休止的竞争与角逐、人与社会之间日渐增加的陌生与疏离。资本的逻辑或物的逻辑所表征的正是资本主义社会中人与人、人与社会之间的关系。一方面，资产阶级固守私有财产，把他人看作自己生存和发展的界限，这样生成的个体性必然带有孤立性、封闭性和狭隘性。另一方面，资产阶级不断追逐资本的增殖和利润的攀升，以“物”的多寡作为衡量一切的标尺，从而遮蔽了人的尺度和人与人、人与世界之间的相融性。个体性不仅表明市民社会始终站在少数资产阶级及其利益的立场上，而且将所有人都置于封闭的、逐利的普遍状态之中。

西方中心主义的共同体以主权国家或民族国家为中心，主权国家主要以实现统治阶级的特殊利益为目标。然而某些西方发达国家以压倒性的优势和主导性、支配性的地位虚幻地认为自己所属的特殊利益的共同体与普遍共同体的利益是一致的，把主权国家的特殊利益强加为共同体的普遍利益，从而造成共同体内部或共同体与共同体之间的不可避免的冲突，并以零和博弈的模式、修昔底德陷阱的主张处理当前人类共同面临的问题，从而导致治理的失灵。正如马克思指出的：“正是由于特殊利益和共同利益之间的这种矛盾，共同利益才采取国家这种与实际的单个利益和全体利益相脱离的独立形式，同时采取虚幻的共同体的形式。”[③]

---

① 马克思、恩格斯，《马克思恩格斯文集》第 1 卷，人民出版社，2009 年，第 41 页。
② 马克思、恩格斯，《马克思恩格斯文集》第 1 卷，人民出版社，2009 年，第 52 页。
③ 马克思、恩格斯，《马克思恩格斯文集》第 1 卷，人民出版社，2009 年，第 536 页。

“虚幻的共同体”必然不是着眼于所有成员国的发展，而是倾向那些拥有“资本”和“话语权”的发达国家。这种“虚幻的共同体”不可能达到真正的团结与联合，而只是一种抽象的普遍性——“一种内在的、无声的、把许多个人自然地联系起来的普遍性”——与形式上的联合。

如上所述，市民社会或其成员“以物的依赖性为基础”“以利己主义为原则”“以孤立性、封闭性为特征”“以个体性为立脚点”“以零和博弈为模式”，无法构建真正和谐的世界秩序和关切人类生存和发展的“命运共同体”。为此，马克思提出：“代替那存在着阶级和阶级对立的资产阶级旧社会的，将是这样一个联合体，在那里，每个人的自由发展是一切人的自由发展的条件。”①可见，真正的共同体或真正的联合体不再是市民社会那样把他人的自由发展当作自己自由发展的界限，把主权国家的特殊利益强加成为共同体的普遍利益，而是人类社会将他人的自由发展看作是自己自由发展的条件，主权国家的特殊利益与共同体普遍利益具有一致性。

6. 人类性

在历史唯物主义的理论视野中，共同体从“虚幻的共同体”形态走向“真正的共同体”形态的转变基于从市民社会的“个体性”立场向人类社会的“人类性”立场的转变。

人类社会进入世界历史以来，在世界历史的进程中形成一种“普遍的社会物质交换、全面的关系、多方面的需要以及全面的能力的体系”②。“这个世界，各国相互联系、相互依存的程度空前加深，人类生活在同一个地球村里，生活在历史和现实交汇的同一个时空里，越来越成为你中有我、我中有你的命运共同体。”③在“命运共同体”中，人类性问题已经成为不可回避的重大理论和现实问题。

人类性问题以“人的‘类本质’”为根据，以关切人类的生存和发展

① 马克思、恩格斯，《马克思恩格斯文集》第 2 卷，人民出版社，2009 年，第 53 页。
② 马克思、恩格斯，《马克思恩格斯文集》第 8 卷，人民出版社，2009 年，第 52 页。
③ 习近平，《顺应时代前进潮流 促进世界和平发展》，人民网，http://theory.people.com.cn/n/2013/0325/c40531-20902911.html。

为价值旨趣。马克思在《关于费尔巴哈的提纲》中批判费尔巴哈的人的“类本质”的观点——“一种内在的、无声的、把许多个人纯粹自然地联系起来的共同性”——是一种抽象化了的“类本质”。马克思明确阐释了“人类性”的基本特征：“一个种的整体特性、种的类特性就在于生命活动的性质，而自由的有意识的活动恰恰就是人的类特性。”[①]人的类本质在于人的生命活动是自由的有意识的活动。马克思批判对人的本质进行形而上学断言或抽象的界定，他从现实性的角度指出人的本质在直接现实性上表现为一切社会关系的总和。正是在类本质及其现实性的意义上，马克思断言“人的本质是人的真正的共同体”[②]。

与建立在物的依赖性基础上的个体性相比较而言，建立在类本质基础上的人类性从以下两个维度显示出其现实性和独特性。

首先，从人与物的关系维度看，“人类性”凸出表现为人不被“物”所束缚，并能够利用“物”自由自觉地进行改造世界的实践活动。因为“正是在改造对象世界的过程中，人才真正地证明自己是类存在物”[③]，人进行的才是有意识的生命活动。因此，自由自觉的改造世界的实践活动才是真正的“人的‘类本质’”。“类存在物”意味着人的生命不仅仅是种生命，还是类生命。类生命是自为生命，是生命活动的主宰者和支配者，是自由自觉的类主体。我们唯有在“人的‘类本质’”的意义上把握和理解中国积极主张并构建的“人类命运共同体”，才能懂得这一中国方案何以能够解决世界历史形成以来至今出现的全球治理问题。

其次，从人与人的关系维度看，“人类性”集中表明人并非抽象地、孤立地存在着，而是建立在与其他一切人和谐统一的相互关系之中。超越了原子化的个人、利己精神的个人，“类本质”“类存在”“人类性”意义上的“自由个性”不是建立在人与人相冲突、相分割的基础上，而是建立在人的全面发展、人与人和谐共存的基础上；他人的自由或自由财产不是自身的束缚和界限，而是他人的自由发展成为自身自由发展的条件和实现。在人类性的意义上理解人类命运共同体才能生成“你中有我我中有你”休戚与共的命运共同体。

① 马克思、恩格斯，《马克思恩格斯文集》第1卷，人民出版社，2009年，第162页。
② 马克思、恩格斯，《马克思恩格斯全集》第3卷，人民出版社，2002年，第394页。
③ 马克思、恩格斯，《马克思恩格斯文集》第1卷，人民出版社，2009年，第163页。

由以上分析可知，“市民社会”状态中的人是个体的人，“把他们连接起来的唯一纽带是自然的必然性，是需要和私人利益，是对他们的财产和他们的利己的人身的保护”[①]。“人类社会”意义上的人是“类本质”的人，他们破除了“物”（资本）的束缚和支配使之成为他们自由发展的条件（从属于他们的社会财富），进而成为自由自觉自为的主体；以“个体性”为基本立场形成的“共同体”只能是单纯的、赤裸裸的“利益共同体”或“虚幻的共同体”，以“人类性”为基本立场构建的“共同体”才有可能是你中有我、我中有你、共赢共享的“命运共同体”，并最终走向“真正的共同体”或自由人的联合体。

7. 共同体（community）

人不是孤立的存在物，在本质上也区别于其他群居的动物物种，如果说人的本质是自由自觉的实践活动的话，这种实践活动的展开则依存于现实的社会关系。从社会关系的历史谱系来看，不论是人对人的依附性关系，还是人对物的依赖性关系，甚至人的自由发展对他人的自由发展的促进性关系，在具体社会关系中的人及其生存与发展无论如何都无法脱离共同体而独立存在。在人的存在方式的意义上，人类无法完全脱离共同体而存在并不意味着人类完全依附或从属于共同体，而是具有自为实践和积极构建的共同体的向度。因此，我们有必要对“共同体”本身进行历史谱系的考察，进一步促使我们在反思、审视、批判传统共同体的局限性的同时，为构建新型共同体提供有价值的启示。

就共同体的具体含义而言，不同学者有不同的界定和阐释。布莱恩认为共同体“不仅被用来描述一套以地方为基础的社会关系……也被用来指称那些更广泛的、想象的（甚至是虚拟的或全球的）人类群体。这些群体可能根据文化而界定；或者可能根据某种假定的共同特征来定义”[②]。威廉斯把“共同体”（community）界定为由某种共同的纽带联结

① 马克思、恩格斯，《马克思恩格斯文集》第 1 卷，人民出版社，2009 年，第 42 页。

② Dominic Bryan. “The Politics of Community”. *Critical Review of International Social and Political Philosophy*. 2006，9(1): 606.

起来的生活有机体。[①]霍林格尔认为共同体指“某个有组织的利益群体，或者不过是一个共享某种独有的特征、实践活动或居住地点的人类集体”[②]。由以上诸多学者的界定可知，“共同体”是一个描述群体的概念，指一个具有共同属性并以此作为纽带的群体。

“共同体”概念凸显出“共同属性”这一关键“纽带”。从共同属性的维度看，共同体的历史谱系呈现为如下序列：① 前资本主义社会主要表现为血缘共同体（以血缘与家族宗法为纽带）或地缘共同体（以相邻地域或共同疆界为纽带），这类共同体多为族群或王朝性质的，具有封闭性和狭隘性。② 资产阶级开拓了世界市场、建立了世界各国的普遍交往和相互联系，冲破了以往以血缘或地域为共同属性或纽带的共同体及其封闭性和狭隘性，构建了以特殊利益为共同属性或纽带的共同体。资本主义社会的共同体则主要呈现为经济共同体或政治共同体。政治共同体以权力为枢轴，经济共同体以利益为核心，以权力和利益为纽带的共同体具有排他性、支配性或依附性的固有界限。新型共同体的建构主要聚焦于对现存的资本主义社会的共同体进行重审、反思，不能无批判地接受现存的资本主义社会共同体提供的前提与成果，否则构建新型共同体将成为一句空话，要么重蹈资本主义共同体的覆辙，要么只是对资本主义共同体的某种修补或填充。

具体而言，资本主义共同体主要呈现为政治共同体和经济共同体，这两个方面能够成为我们分析传统共同体的棱镜，成为分析资本主义共同体所具有的独特性和局限性的两个着力点。政治共同体以发达资本主义国家为主导，如从 16 世纪的葡萄牙、西班牙，17 世纪被称为“海上马车夫”的荷兰，18、19 世纪因工业革命而崛起的“日不落帝国”英国，20 世纪上半叶妄图称霸而引发世界性大战的德、意、日，20 世纪下半叶争夺国际霸权的美国和苏联，21 世纪频频干涉他国内政与外交的美国……国际舞台上，发达国家争先而起、不甘示弱。大国为争夺霸权而斗争，较弱国家被迫求得暂时安全而加入联盟或者成为大国争霸的牺牲

① [英]雷蒙・威廉斯，《关键词：文化与社会的词汇》，刘建基译，生活・读书・新知三联书店，2005 年，第 79 页。

② David Hollinger, “From Identity to Solidarity”, *Dædalus*, 2006, 135(4): 24.

品。21 世纪的世界出现了逆全球化和单边主义的复兴。主要表现为：其一，在合作组织或其他共同体中，一些大国对多边主义的国际关系表示冷漠或中立，对单边主义却异常热情，为全球化制造各种逆潮流的阻力。例如高关税的贸易壁垒，将跨区域合作转变为区域内小范围合作。其二，更有甚者，一些国家直接以“退群”的方式任性地放弃多边主义合作，攫取合作成果，推卸应尽责任。争夺霸权或搞单边主义的行径再一次印证了当前既有的政治共同体只是以各主权国家联合共同发展的名义行个别发达国家追求国家中统治阶级的特殊利益之实，这种共同体只是马克思所说的“冒充的共同体”或“虚幻的共同体”。

自经济全球化和贸易国际化以来，经济共同体最为典型的形态表现为世界三大经济体：欧盟（1993 年）、亚太经合组织（1989 年）、北美自由贸易区（1994 年）。经济共同体主要聚焦于经济利益方面，各成员方能够获得优惠政策或利益优先权。以发达资本主义国家的经济利益或某些特殊利益为核心的理念在经济贸易实践中主要表现为下述两种情形：其一，为了发达国家自身的利益，利用强势地位尤其是对共同体外部的国家不时地找借口实施惩罚性关税，贸然发动贸易战，实行贸易保护主义。如美国发动的美俄贸易战、中美贸易战等。其二，发达资本主义国家强迫他国货币升值，如美国压迫日元升值，强迫人民币升值，旨在削弱他国货币在国际贸易市场上的地位，遏制他国经济的稳定增长。无论贸易保护主义还是贸易战同样证实了马克思关于“虚幻的共同体”的判断，以个别发达国家的特殊经济利益为共同体的纽带，不仅对经济共同体之外的国家或组织的发展形成桎梏，而且极易加深经济共同体内部成员之间的矛盾甚至引发冲突。

综上可知，经济共同体或政治共同体存在的矛盾和界限再一次表明资本主义共同体的实质正是以“特殊利益”——或政治利益或经济利益等——为共同属性或纽带而形成的共同体。要构建新型共同体必然需要克服资本主义共同体的矛盾，要克服资本主义共同体的矛盾需要从根本上转变“特殊利益”这一关键扭结。

新型共同体的关键并不在于共同体的名称叫作什么，在“共同体”概念的意义上，新型共同体的关键在于“共同属性”——构建共同体的纽带——的根本转变，即从“特殊利益”转向“共同性”。关于“共同性”一词，马克思在《资本论》中指出“资本主义生产由于自然过程的必然性，造成了对自身的否定……这种否定不是重新建立私有制，而是在资本主义时代的成就的基础上，也就是说，在协作和对土地及靠劳动本身生产的生产资料的共同占有的基础上，重新建立个人所有制”①。由此可知，在所有制的意义上，共同性指的是一种不同于私有制的社会成员共有基础上的个人所有制；从所包含的内涵的角度看，共同性指涉什么的共同性，马克思批判了资本主义共同体中资本的共同性、劳动的共同性、工资的平等的共同性，突出强调了对生产资料的共同占有、生产能力成为社会财富被共同占有等。超越特殊利益的私人所有、彰显社会资源的共同占有成为“共同性”概念的核心支点。共同体的“共同属性”或纽带从经济/政治共同体所追求的“特殊利益”转向人类命运共同体所诉诸的“共同性”。这一转向表明：① 新型共同体的当代形态最集中、最典型地体现为构建人类命运共同体；② 构建人类命运共同体的效准在于“共同性”这一关键扭结。新型共同体的当代形态是基于“共同性”的人类命运共同体，“共同性”在直接现实性上表现为共同利益、共同价值、共同责任三者的有机统一。

首先，人类命运共同体以民众为根基，民众最基本的共同利益是生存和发展，在同一个地球村，大家命运与共，无论哪个国家都不能为了一己之私排斥异己、造成冲突、扰乱世界。人类命运共同体强调国与国之间的尊重互信，强调多边合作以及各国的共同利益。它超越了经济/政治共同体以西方发达国家的特殊利益为核心的状态，超越了以强势方的特殊利益掩盖共同利益的不合理做法。

其次，人类命运共同体主张“和平、发展、公平、正义、民主、自由”的共同价值，简言之，彰显并贯彻了持久和平、共同发展和文明进步的理念，这就强调了和谐有序的发展环境和自我独立性的统一。

最后，人类命运共同体彰显共同的责任意识，批判那种只攫取果实不承担责任的态度和行为。“在真正的共同体的条件下，各个人在自己的

① 马克思、恩格斯，《马克思恩格斯文集》第 5 卷，人民出版社，2009 年，第 874 页。

联合中并通过这种联合获得自己的自由。”[①]这种“自由”需要“联合”这一行动，“联合”是命运共同体成员自为自觉的一种实践，这种对“真正共同体”的渴望与追求、行动与实践正是责任意识的自觉体现。

总之，从共同体的历史演进逻辑分析，人类命运共同体不仅是对前资本主义时期血缘/地缘共同体和资本主义时期政治/经济共同体的反思与批判，而且是对后两者的现实超越。人类命运共同体是一种新型的“共同体理念”，深刻地蕴含了人与人之间、群体与群体之间、国与国之间的有机统一，共同利益、共同价值、共同责任的有机统一。只有在此基础上，人类命运共同体才能成为人类所渴望的真正的现实的“共同体”。

8. 人类命运共同体

人类命运共同体是一种全新的共同体架构。在思维方式的意义上，突破了霸权治理的控制论思维方式，确立了共同治理的全球治理理念，意味着世界秩序中人类共处模式的革新；在价值观念的意义上，超越了利己主义原则和人们的逐利行为，把人真正地理解为“类存在物”，这是一种真正的“人类性”理念；在逻辑结构的意义上，人类命运共同体建构的基础从“特殊利益”转向“共同性”，从而找到了真实的共同体根据。从新型共同体理念的角度看，人类命运共同体是集共同利益、共同价值、共同责任于一体的休戚与共的命运共同体。

人类命运共同体的真实内涵在于真实关切当下人类的生存和发展。人类命运共同体对人类命运的关切是哲学存在论意义上对实际生命关涉的当代表现。在21世纪的今天，和平与发展仍是当代世界的主题，中国提出的人类命运共同体这一方案所蕴含的对“实际生命”的关涉是新时代的马克思主义或马克思主义中国化的最新成果。人类命运共同体理念对“实际生命”的关涉是以人民为中心，深度关切人民所需要的发展。人类命运共同体坚持以人民对美好生活的向往和追求为中心。坚持以人民为中心的关切才是当代对实际生命的真正的、真实的关涉。对人类命运的关涉理应上升到哲学存在论的高度加以把握和阐释。

---

① 马克思、恩格斯，《马克思恩格斯文集》第1卷，人民出版社，2009年，第571页。

人类命运共同体对“实际生命”的关切，即关切人民对美好生活的需要与现阶段国内、国际的主要矛盾具有内在关联性。特定历史维度中人类深受的苦难取决于具体社会阶段中存在的主要矛盾。第二次世界大战时期，人类不得不通过暴力革命的极端方式获得生命的拯救、独立与解放。就中国而言，近代以来受到“弱肉强食”“落后就要挨打”的“丛林法则”和“强权逻辑”的侵害，受到侵略战争的荼毒，不得不处于水深火热之中。社会的主要矛盾呈现为资产阶级、封建地主阶级与无产阶级之间尖锐对立的阶级矛盾。因此，首要的战略目标就是“站起来”。所谓“站起来”就是通过新民主主义革命取得最基本的民族独立和人民解放，使人民脱离侵略战争和殖民奴役的苦海。改革开放以来，人们日益增长的物质文化的需要同落后的社会生产力之间的矛盾成为社会的主要矛盾，由此，随着社会的发展和主要矛盾的变化，首要战略发生相应转变，从“站起来”转向“富起来”，让人民过上富足小康的生活。新时代背景下，社会的主要矛盾成为人民日益增长的美好生活需要和不平衡不充分的发展之间的矛盾，迎来了从“富起来”到“强起来”的历史机遇期，在人的全面发展和共同富裕的基础上为人民追求美好生活、实现美好梦想提供一个公平正义的大环境。构建人类命运共同体正是中国立足于自身的发展，为世界各国各民族分享鲜活的中国经验、贡献厚重的中国智慧、提出有效的中国方案。中国方案在国内以人民日益增长的对美好生活的需要为中心，在全球治理上以世界各国各族人民的生存和发展为中心。

人类命运共同体关涉的“实际生命”是“人民”，坚持以人民为中心的逻辑前提必然指向人民乃至人类对美好生活的向往和追求。对美好生活的追求不是固定不变的，而是处在不断生成、不断完善的动态过程之中的。以人民为中心的对美好生活的追求不仅是指向人类自由解放的一个环节、一个阶段，而且在不断的完善过程中对世界各国产生广泛而深刻的影响。

人类命运共同体切中人类追求美好生活的价值旨趣与共产主义实现人类解放的价值旨趣具有内在一致性。对美好生活的追求是实现人类解放的关键环节、暂时状态、当代阶段。追求美好生活立足于当下、着眼于未来，不仅要解决人民的基本生存问题，还要面向人民的发展与幸福等多重维度。人类命运共同体在理念本性上，对“人民对美好生活的需要”的关涉就是一种存在论意义上对人的自由、人的发展、人类解放、人类幸福的深度关切；在发展方式上，是一种免于奴役和实现自由的相互统一的过程。人类命运共同体及其所塑造、引领的人类文明形态并非一种抽象的完满的终极状态，而是一种不断追求美好生活、为人类自由、解放而不懈努力的动态过程。

总之，构建人类命运共同体的中国方案既非通过“富起来”“强起来”与活跃在世界舞台上的强国争霸，亦非通过与第三世界国家建立外交关系实施人道主义国际援助或彰显国力，而是基于追求美好生活的信念、共同价值的精神，积极构建公道正义、共建共享的安全格局，加强维护现存国际秩序，塑造和引领人类文明新形态。

案例分析

1. 特朗普宣布终止与世卫组织的关系

美国总统特朗普在 2020 年 5 月 29 日在白宫新闻发布会上宣布美国将退出世界卫生组织。理由是：世卫组织没有按照美国的意愿和要求做出改革。实际上这一操作是特朗普政府为了转移抗疫不力的事实推卸责任的表现。正如国务委员兼外交部部长王毅指出，世卫组织是 194 个主权国家组成的国际机构，不可能只为某一个国家服务，更不应是哪个国家出的钱多，就屈从于哪个国家的意志。疫情当前，任何对世卫组织的打压甚至讹诈，都缺乏最起码的人道精神，都不会被国际社会所接受。中国外交部发言人赵立坚指出，美方“毁约”“退群”成瘾，已经相继退出联合国教科文组织、联合国人权理事会等国际组织，接连退出气候变化《巴黎协定》《伊核问题全面协议》《中导条约》《开放天空条约》等。美方这一最新举动，再次暴露其奉行单边主义和强权政治的真实面目。

2. 美国切断华为全球芯片供应

北京时间 2020 年 5 月 15 日，据路透社报道，特朗普政府将采取行动，阻止全球芯片制造商向华为出货半导体芯片，美国商务部表示正在修改一项出口规定，这条新规定“从战略上将华为购买半导体芯片（这些芯片是美国软件和技术支持的直接产品）作为目标”。根据新规定，使用美国芯片制造设备的外国公司在向华为或海思等关联公司供应部分芯片时，必须先获得美国的许可。不仅如此，美国正试图说服盟国将华为设备排除在下一代 5G 网络之外，扼制华为 5G 互联网技术的领先发展。

3. 中国产品助力全球抗疫

2020 年春天，新冠肺炎疫情突袭，防疫物资紧缺成为各国亟待解决的难题。当此之时，中国在做好国内疫情防控的基础上，尽己所能不断对外输送防疫物资，为全球抗疫提供重要“战略补给”。据不完全统计，仅从 3 月 1 日到 4 月 30 日，中国就出口了口罩 278 亿只，防护服 1.3 亿件，新型冠状病毒检测试剂盒 7341 万人份，红外测温仪 1257 万件，呼吸机 4.91 万台，病员监护仪 12.4 万台，护目镜 4363 万副，外科手套 8.54 亿双。有外媒评论，“中国以创纪录的速度生产全球所需医疗用品，帮助人们渡过难关，这将创造历史。”世贸组织发布报告称，自疫情暴发以来，全球累计有 80 个国家禁止或者限制口罩、手套等医疗防护设备出口。但中国即便是在疫情防控形势最严峻的时候，也从来没有出台过这样的限令。“抗疫需要什么，我们就生产什么。”快速上扬的曲线背后，是中国人民对命运与共的深刻理解，是中国企业对全球抗疫的勇毅担当。战“疫”火急，容不得半点耽搁。自 2020 年 2 月份驰援武汉后，近日，中国的大型运输机运-20 再次“鲲鹏展翅”，首次飞出国门，向巴基斯坦运送紧急抗疫物资。近段时间，中国政府通过鼓励航空公司“客改货”、增加中欧班列班次密度、开辟国际快船运输渠道等，不断打通防疫物资“补给线”；多个城市开启出口防疫物资绿色通道，即到、即报、即查、即放，实现通关“零等待”。在全球抗疫的关键时刻，中国生产的防疫物资为国际社会共同抗击疫情提供了巨大支持和坚强保障。[①]

4. 支援全球抗疫，中国展现负责任大国形象

自世卫组织 2020 年 3 月 11 日宣布新冠肺炎从特征上可称为“大流行”以来，新冠肺炎疫情正在全球呈扩散之势。在此情况下，中国与世界各国同舟共济，积极分享自己的抗疫经验，同时尽最大努力提供各种有效支援。① 作为新冠肺炎疫情首先暴发的国家，中国迅速采取加强检测和隔离、小区管控、建立方舱医院、学生停课等有效措施，严防疫情扩散，为世界各国抗击疫情争取了宝贵的时间。② 3 月 12 日晚，由中国卫健委和红十字会共同组建的抗疫医疗专家组抵达意大利首都罗马，并带来中方捐助的医疗物资。除了意大利，中国还向伊朗、伊拉克等国派出了专家组；向韩国、日本以及欧洲多国提供了抗疫物资援助，包括口罩、防护服、护目镜和新型冠状病毒检测试剂盒等。中国还同韩国成立了联防联控合作机制，与欧盟成立了联合专家组，与欧盟、非盟和东盟以及多个国家举行视频会议，进行经验分享和技术交流。③ 中国政府积极主动地向国外留学生群体派发“健康包”。

5. 在“创纪录短的时间内”甄别出病原体

“中国在创纪录短的时间内甄别出病原体并同世界卫生组织和其他国家分享病毒全基因序列信息。”世界卫生组织总干事谭德塞说。[②]我国发布新冠肺炎疫情信息、推进疫情防控国际合作纪事。纪事的“时间轴”清晰显示，中国的抗疫努力为国际科技界共同应对疫情铺平了道路。2020 年 1 月 7 日，中国疾控中心成功分离首株新冠病毒毒株；1 月 8 日，初步确认新冠病毒为疫情病原；1 月 9 日，将病原学鉴定取得的初步进展分享

---

① 人民日报评论员，《中国产品助力全球抗疫——携手全球抗疫 彰显中国担当》，新华网，http://www.xinhuanet.com/2020-05/13/c_1125981402.htm

② 新华社记者董瑞丰、田晓航，《为全球抗疫找答案 我国科研攻关不停步》，新华网，http://www.xinhuanet.com/2020-04/10/c_1125839503.htm

给世界卫生组织。1 月 12 日，中国疾控中心、中国医学科学院、中国科学院武汉病毒研究所作为国家卫生健康委员会指定机构，向世界卫生组织提交新型冠状病毒基因组序列信息，在全球流感共享数据库发布，全球共享。这为全球开展疫苗研发、药物研究、疫情控制等提供了重要基础。疫情发生以来，在临床救治和药物、疫苗研发、检测技术和产品、病毒病原学和流行病学、动物模型构建等五大主攻方向，我国科技界短时间内取得积极进展，为打赢疫情防控这场硬仗提供了有力科技支撑。

6. 积极倡导全球合作研发疫苗

灭活疫苗、基因工程重组亚单位疫苗、腺病毒载体疫苗、减毒流感病毒载体疫苗、核酸疫苗……疫情发生以来，我国按照 5 种技术路线、遴选 8 个优势团队“并联”开展疫苗紧急研制。中国工程院院士王军志说，大部分研发团队在 2020 年 4 月有望完成临床前研究，并逐步启动临床试验。在不降低标准、保证安全有效的前提下，我国科学家正争分夺秒加快疫苗研发。病毒不分国界、不分种族，我国积极倡导全球合作研发疫苗。据介绍，目前国内同步推进的 5 条疫苗研发技术路线均对外开放，分别与美国、德国、英国等国开展合作。在疫情防控科技攻关中，中国科技界及时与全球共享科学数据、技术成果和防控策略，未来还将继续与各国深入开展疫情防控、患者救治、基础研究等科技攻关合作交流，为全球抗疫提供坚实的科技支撑。

文本阅读

1.《决胜全面建成小康社会　夺取新时代中国特色社会主义伟大胜利——在中国共产党第十九次全国代表大会上的报告》(节选)

习近平

十二、坚持和平发展道路，推动构建人类命运共同体

中国共产党是为中国人民谋幸福的政党，也是为人类进步事业而奋斗的政党。中国共产党始终把为人类作出新的更大的贡献作为自己的使命。

中国将高举和平、发展、合作、共赢的旗帜，恪守维护世界和平、促进共同发展的外交政策宗旨，坚定不移在和平共处五项原则基础上发展同各国的友好合作，推动建设相互尊重、公平正义、合作共赢的新型国际关系。

世界正处于大发展大变革大调整时期，和平与发展仍然是时代主题。世界多极化、经济全球化、社会信息化、文化多样化深入发展，全球治理体系和国际秩序变革加速推进，各国相互联系和依存日益加深，国际力量对比更趋平衡，和平发展大势不可逆转。同时，世界面临的不稳定性不确定性突出，世界经济增长动能不足，贫富分化日益严重，地区热点问题此起彼伏，恐怖主义、网络安全、重大传染性疾病、气候变化等非传统安全威胁持续蔓延，人类面临许多共同挑战。

我们生活的世界充满希望，也充满挑战。我们不能因现实复杂而放弃梦想，不能因理想遥远而放弃追求。没有哪个国家能够独自应对人类面临的各种挑战，也没有哪个国家能够退回到自我封闭的孤岛。

我们呼吁，各国人民同心协力，构建人类命运共同体，建设持久和平、普遍安全、共同繁荣、开放包容、清洁美丽的世界。要相互尊重、平等协商，坚决摒弃冷战思维和强权政治，走对话而不对抗、结伴而不结盟的国与国交往新路。要坚持以对话解决争端、以协商化解分歧，统筹应对传统和非传统安全威胁，反对一切形式的恐怖主义。要同舟共济，促进贸易和投资自由化便利化，推动经济全球化朝着更加开放、包容、普惠、平衡、共赢的方向发展。要尊重世界文明多样性，以文明交流超越文明隔阂、文明互鉴超越文明冲突、文明共存超越文明优越。要坚持环境友好，合作应对气候变化，保护好人类赖以生存的地球家园。

中国坚定奉行独立自主的和平外交政策，尊重各国人民自主选择发展道路的权利，维护国际公平正义，反对把自己的意志强加于人，反对干涉别国内政，反对以强凌弱。中国决不会以牺牲别国利益为代价来发展自己，也决不放弃自己的正当权益，任何人不要幻想让中国吞下损害自身利益的苦果。中国奉行防御性的国防政策。中国发展不对任何国家构成威胁。中国无论发展到什么程度，永远不称霸，永远不搞扩张。

中国积极发展全球伙伴关系，扩大同各国的利益交汇点，推进大国协调和合作，构建总体稳定、均衡发展的大国关系框架，按照亲诚惠容理念和与邻为善、以邻为伴周边外交方针深化同周边国家关系，秉持正确义利观和真实亲诚理念加强同发展中国家团结合作。加强同各国政党和政治组织的交流合作，推进人大、政协、军队、地方、人民团体等的对外交往。

中国坚持对外开放的基本国策，坚持打开国门搞建设，积极促进“一带一路”国际合作，努力实现政策沟通、设施联通、贸易畅通、资金融通、民心相通，打造国际合作新平台，增添共同发展新动力。加大对发展中国家特别是最不发达国家援助力度，促进缩小南北发展差距。中国支持多边贸易体制，促进自由贸易区建设，推动建设开放型世界经济。

中国秉持共商共建共享的全球治理观，倡导国际关系民主化，坚持国家不分大小、强弱、贫富一律平等，支持联合国发挥积极作用，支持扩大发展中国家在国际事务中的代表性和发言权。中国将继续发挥负责任大国作用，积极参与全球治理体系改革和建设，不断贡献中国智慧和力量。

同志们！世界命运握在各国人民手中，人类前途系于各国人民的抉择。中国人民愿同各国人民一道，推动人类命运共同体建设，共同创造人类的美好未来！

（选自《中国共产党第十九次全国代表大会文件汇编》，人民出版社，2017年，第46～49页）

2.《携手构建合作共赢新伙伴，同心打造人类命运共同体》（节选）

习近平

联合国走过了70年风风雨雨，见证了各国为守护和平、建设家园、谋求合作的探索和实践。站在新的历史起点上，联合国需要深入思考如何在21世纪更好回答世界和平与发展这一重大课题。

世界格局正处在一个加快演变的历史性进程之中。和平、发展、进步的阳光足以穿透战争、贫穷、落后的阴霾。世界多极化进一步发展，新兴市场国家和发展中国家崛起已经成为不可阻挡的历史潮流。经济全球化、社会信息化极大解放和发展了社会生产力，既创造了前所未有的发展机遇，也带来了需要认真对待的新威胁新挑战。

“大道之行也，天下为公。”和平、发展、公平、正义、民主、自由，是全人类的共同价值，也是联合国的崇高目标。目标远未完成，我们仍须努力。当今世界，各国相互依存、休戚与共。我们要继承和弘扬联合国宪章的宗旨和原则，构建以合作共赢为核心的新型国际关系，打造人类命运共同体。为此，我们需要作出以下努力。

——我们要建立平等相待、互商互谅的伙伴关系。联合国宪章贯穿主权平等原则。世界的前途命运必须由各国共同掌握。世界各国一律平等，不能以大压小、以强凌弱、以富欺贫。主权原则不仅体现在各国主权和领土完整不容侵犯、内政不容干涉，还应该体现在各国自主选择社会制度和发展道路的权利应当得到维护，体现在各国推动经济社会发展、改善人民生活的实践应当受到尊重。

我们要坚持多边主义，不搞单边主义；要奉行双赢、多赢、共赢的新理念，扔掉我赢你输、赢者通吃的旧思维。协商是民主的重要形式，也应该成为现代国际治理的重要方法，要倡导以对话解争端、以协商化分歧。我们要在国际和区域层面建设全球伙伴关系，走出一条“对话而不对抗，结伴而不结盟”的国与国交往新路。大国之间相处，要不冲突、不对抗、相互尊重、合作共赢。大国与小国相处，要平等相待，践行正确义利观，义利相兼，义重于利。

——我们要营造公道正义、共建共享的安全格局。在经济全球化时代，各国安全相互关联、彼此影响。没有一个国家能凭一己之力谋求自身绝对安全，也没有一个国家可以从别国的动荡中收获稳定。弱肉强食是丛林法则，不是国与国相处之道。穷兵黩武是霸道做法，只能搬起石头砸自己的脚。

我们要摒弃一切形式的冷战思维，树立共同、综合、合作、可持续安全的新观念。我们要充分发挥联合国及其安理会在止战维和方面的核心作用，通过和平解决争端和强制性行动双轨并举，化干戈为玉帛。我们要推动经济和社会领域的国际合作齐头并进，统筹应对传统和非传统安全威胁，防战争祸患于未然。

——我们要谋求开放创新、包容互惠的发展前景。2008 年爆发的国际经济金融危机告诉我们，放任资本逐利，其结果将是引发新一轮危机。

缺乏道德的市场，难以撑起世界繁荣发展的大厦。富者愈富、穷者愈穷的局面不仅难以持续，也有违公平正义。要用好“看不见的手”和“看得见的手”，努力形成市场作用和政府作用有机统一、相互促进，打造兼顾效率和公平的规范格局。

大家一起发展才是真发展，可持续发展才是好发展。要实现这一目标，就应该秉承开放精神，推进互帮互助、互惠互利。当今世界仍有 8 亿人生活在极端贫困之中，每年近 600 万孩子在 5 岁前夭折，近 6000 万儿童未能接受教育。刚刚闭幕的联合国发展峰会制定了 2015 年后发展议程。我们要将承诺变为行动，共同营造人人免于匮乏、获得发展、享有尊严的光明前景。

——我们要促进和而不同、兼收并蓄的文明交流。人类文明多样性赋予这个世界姹紫嫣红的色彩，多样带来交流，交流孕育融合，融合产生进步。

文明相处需要和而不同的精神。只有在多样中相互尊重、彼此借鉴、和谐共存，这个世界才能丰富多彩、欣欣向荣。不同文明凝聚着不同民族的智慧和贡献，没有高低之别，更无优劣之分。文明之间要对话，不要排斥；要交流，不要取代。人类历史就是一幅不同文明相互交流、互鉴、融合的宏伟画卷。我们要尊重各种文明，平等相待，互学互鉴，兼收并蓄，推动人类文明实现创造性发展。

——我们要构筑尊崇自然、绿色发展的生态体系。人类可以利用自然、改造自然，但归根结底是自然的一部分，必须呵护自然，不能凌驾于自然之上。我们要解决好工业文明带来的矛盾，以人与自然和谐相处为目标，实现世界的可持续发展和人的全面发展。

建设生态文明关乎人类未来。国际社会应该携手同行，共谋全球生态文明建设之路，牢固树立尊重自然、顺应自然、保护自然的意识，坚持走绿色、低碳、循环、可持续发展之路。在这方面，中国责无旁贷，将继续作出自己的贡献。同时，我们敦促发达国家承担历史性责任，兑现减排承诺，并帮助发展中国家减缓和适应气候变化。

[选自习近平，《习近平谈治国理政》（第二卷），外文出版社，2017 年，第 521 ~ 526 页]

3.《政府工作报告》(节选)

中国特色大国外交成果丰硕。成功举办第二届“一带一路”国际合作高峰论坛等重大主场外交活动，习近平主席等党和国家领导人出访多国，出席二十国集团领导人峰会、金砖国家领导人会晤、亚信峰会、上海合作组织峰会、东亚合作领导人系列会议、中欧领导人会晤、中日韩领导人会晤等重大活动。积极参与全球治理体系建设和改革，推动构建人类命运共同体。经济外交、人文交流卓有成效。中国为促进世界和平与发展作出了重要贡献。

…………

应对公共卫生危机、经济严重衰退等全球性挑战，各国应携手共进。中国将同各国加强防疫合作，促进世界经济稳定，推进全球治理，维护以联合国为核心的国际体系和以国际法为基础的国际秩序，推动构建人类命运共同体。中国坚定不移走和平发展道路，在扩大开放中深化与各国友好合作，中国始终是促进世界和平稳定与发展繁荣的重要力量。

(选自《政府工作报告——2020 年 5 月 22 日在第十三届全国人民代表大会第三次会议上》)

4.《共产党宣言》(节选)

[德]马克思、恩格斯

参见本书第一章文本阅读《共产党宣言》部分。

5.《德意志意识形态》(节选)

[德]马克思、恩格斯

正是由于特殊利益和共同利益之间的这种矛盾，共同利益才采取国家这种与实际的单个利益和全体利益相脱离的独立形式，同时采取虚幻的共同体的形式……

正因为各个人所追求的仅仅是自己的特殊的、对他们来说是同他们的共同利益不相符合的利益，所以他们认为，这种共同利益是“异己的”

和“不依赖”于他们的，即仍旧是一种特殊的独特的“普遍”利益，或者说，他们本身必须在这种不一致的状况下活动，就像在民主制中一样。另一方面，这些始终真正地同共同利益和虚幻的共同利益相对抗的特殊利益所进行的实际斗争，使得通过国家这种虚幻的“普遍”利益来进行实际的干涉和约束成为必要。

…………

个人力量（关系）由于分工而转化为物的力量这一现象，不能靠人们从头脑里抛开关于这一现象的一般观念的办法来消灭，而只能靠个人重新驾驭这些物的力量，靠消灭分工的办法来消灭。没有共同体，这是不可能实现的。只有在共同体中，个人才能获得全面发展其才能的手段，也就是说，只有在共同体中才可能有个人自由。在过去的种种冒充的共同体中，如在国家等等中，个人自由只是对那些在统治阶级范围内发展的个人来说是存在的，他们之所以有个人自由，只是因为他们是这一阶级的个人。从前各个人联合而成的虚假的共同体，总是相对于各个人而独立的；由于这种共同体是一个阶级反对另一个阶级的联合，因此对于被统治的阶级来说，它不仅是完全虚幻的共同体，而且是新的桎梏。在真正的共同体的条件下，各个人在自己的联合中并通过这种联合获得自己的自由。

［选自《马克思恩格斯文集》（第 1 卷），人民出版社，2009 年，第 536 ~ 571 页］

6.《第三次浪潮》（节选）

[美]阿尔文·托夫勒

第二次浪潮世界把其余地区都当成它的气泵、花园、矿坑、采石场，以及廉价劳动力的供应地，因此全世界非工业人口的生活发生了巨大的改变。……被迫卷入世界贸易体系，否则就被消灭。锡矿和橡胶被用来填补工业世界贪婪的胃口，玻利维亚人和马来西亚人的生活水准突然要配合半个地球以外的工业经济的需求。

（选自阿尔文·托夫勒，《第三次浪潮》，黄明坚译，中信出版社，2018 年，第 93 页）

7.《美国陷阱》（节选）

[法]弗雷德里克·皮耶鲁齐、马修·阿伦

这么多年来，美国开发了一套弹性系统。在上游，美国利用强大的情报武器获得外国公司签订的大额合同信息；在下游，它动用复杂而严密的法律武器对那些不遵守规则的公司提起刑事诉讼。世界上任何国家都没有这样的武器库，它使美国公司更加方便地削弱、打击，甚至收购它们的主要竞争对手。

（选自弗雷德里克·皮耶鲁齐、马修·阿伦，《美国陷阱》，法意译，中信出版社，2019 年，第 171 ~ 172 页）

8.《改革开放以来的当代中国哲学史（1978—2009）》（节选）

孙正聿、杨晓、丁宁

第十三章　哲学中的“中、西、马”对话

…………

五、探索人类文明的新形态

马克思揭示的人类社会的三种基本“形态”，是人类发展必经的几个历史阶段。最初的人类以族群为本位（“人的依赖关系”形态），只有经过个体本位阶段（“以物的依赖性为基础的人的独立性”形态），才能达到人的最高发展形态(“建立在个人全面发展和他们共同的社会生产能力成为他们的社会财富这一基础上的自由个性”的形态)；反过来说，在人类经过了族群本位到个体本位的发展阶段之后，进一步也必然要走向“自由人联合体”的发展阶段。……今天人类面临的已是在充分发挥个人主体作用的基础上，如何从个体本位向以类为本位转变、如何把个人主体提高到类主体，即向更高的第三形态“类主体本位”方向发展的问题。今日存在的大量问题，已是只有从统一的类关系中才能找到彻底解决的问题。

以类为本位和主体的自觉“类存在”状态，实际也就是那种人与人完成了的本质的统一，人与外部世界完成了的本质的统一，人与自身本质也变成了本质的统一的存在状态。

从人与人的关系说……“类主体”是指，这时的每一个人都已自觉为人，把个人存在纳入他人本质，也把他人存在纳入自身的本质，每一个人在一切之中，而一切人也在每一个人之中……每个人既独立又普遍，都是小我与大我的统一体。

人与自然的关系同人与人的关系是完全相适应的……从类生命来解释人与自然的关系，……人把自身提升出来升华为主体，应看作只是为了走向与外部世界更深层次的融合……建立与自然更高统一关系……在类的统一关系中，人的发展与自然的发展本质上是一回事。人即是世界，世界即是人，人天融汇一体，这就是“类存在”。

“在历史成为世界历史”的今天，由于市场、贸易、生产、消费、科技、信息的发展，一切地域、国家、民族都被紧密联结起来，现代世界成为一个一体化和整体行动的世界。世界市场使一切国家的物质生产与精神生产都成为世界性的了，每个人都只能在同人类整体的相互依赖中生存和发展，人类的共同命运、共同利益已成为每个人必须关注和考虑的切身利益和切身命运问题。现代资本主义适应生产的日益社会化，生产关系逐渐走向社会化，也就是沿着日益削弱资本主义私有制度、竞争制度和按资分配原则的“社会主义”方向发展转变。个体本位发展到极致，就会引向类本位，资本主义的高度发展，在自我扬弃中必然会转向社会主义。现代人逐渐从权力与金钱的异化中超越出来，确立自主存在，追求生存的意义和价值，精神生活的满足和充实。在个体普遍主体化之后，人们就会有感于小我的狭隘，去寻求大我的广阔天地。在充分实现个体本位的社会中，走向类化不再仅是理论理想的问题，而是已经变成生活现实的客观需求。

（选自孙正聿、杨晓、丁宁，《改革开放以来的当代中国哲学史（1978—2009）》，人民出版社，2019 年，第 607～611 页）

思考题

1. 怎样理解“人类命运共同体”的历史生成和真实内涵？

思考指引：马克思、恩格斯在《共产党宣言》中，从历史唯物主义的理论视域，阐明了由西方资本主义主导的现代性逻辑框架的形成；在《德意志意识形态》中集中论述了“虚假的共同体”和“真正的共同体”。马克思在《1857—1858年经济学手稿》中阐释了“社会三形态说”。这些为我们理解人类命运共同体的历史生成和真实内涵提供了丰厚的思想资源。

2. 怎样理解“讲好中国故事”？

思考指引：坚定道路自信、理论自信、制度自信、文化自信。在深谙中国发展现状的基础上，对持有西方中心主义立场的学者及其观点进行反思与批判。“破旧立新”，以领头羊的方式，以文化自信的姿态影响其他国家和人民做出合理选择和科学判断。

3. 你觉得未来“全球化”的长期效果有哪些？

思考指引：“全球化”是不可遏制的时代潮流，全球化本身意味着利益的共赢共享、文明的交流互鉴。结合大国“退群”的案例，和“文本阅读”中的《美国陷阱》，可以看到问题的症结并非出在全球化趋势上，而出在各国对待其他国家的态度，以及对待全球化利益共享、合作共赢的态度和立场上。

推荐书目

1. [德]马克思、恩格斯，《马克思恩格斯文集》(1～10卷)，人民出版社，2009年。

2. [美]基辛格，《世界秩序》，胡利平等译，中信出版集团，2015年。

3. [美]阿尔文·托夫勒，《第三次浪潮》，黄明坚译，中信出版社，2018年。

4. [法]弗雷德里克·皮耶鲁齐、马修·阿伦，《美国陷阱》，法意译，中信出版社，2019年。

5. [德]奥斯瓦尔德·斯宾格勒,《西方的没落》(第 1 卷),吴琼译,上海三联书店,2006 年。

6. 孙正聿、杨晓、丁宁,《改革开放以来的当代中国哲学史(1978—2009)》,人民出版社,2019 年。

后 记

经过几年的线上线下混合式教学实践，这本富有教育新技术时代气息的教材终于成形，在编写过程中，教学团队各位老师付出了不少心血，热心的学生也提出了宝贵的意见和建议。在课内课外的交流中，本课程的内容和教材编写思路不断得以优化。

全球化是人类历史上的重要现象，也是人文社会科学面临的重大课题，开设这一课程和编写这本教材，以及思考如何上好这门有意义的课程，对我们来说也是一次思维的挑战。其中有不少较为复杂的理论问题，由于时间和条件所限，我们未能更深入地钻研，甚至可能存在一些谬误，期盼各位方家指正。

在编写过程中，为使读者接触到更为丰富的理论材料，我们采用了来源广泛的文献资源。我们尽力追溯了这些文献的来源，但仍有部分文献难以完全追溯，在这里对所有原文作者谨致谢忱，感谢他们为读者提供富有营养的思想资源，惠泽青年学生。

最后，感谢西南交通大学教务处对教学探索的支持，感谢西南交通大学外国语学院对教材出版的资助。感谢西南交通大学出版社对学术性教材出版的关注。

本书编者

2020 年 10 月